POÉSIES
ET ŒUVRES MORALES
DE
Leopardi

PREMIÈRE TRADUCTION COMPLÈTE

PRÉCÉDÉE D'UN
ESSAI SUR LEOPARDI

PAR

F. A. AULARD

Professeur à la Faculté des lettres de Poitiers.

TOME TROISIÈME.

PARIS
ALPHONSE LEMERRE, ÉDITEUR
27-31, PASSAGE CHOISEUL, 27-31

M DCCC LXXX

POÉSIES
ET ŒUVRES MORALES
DE
GIACOMO LÉOPARDI

POÉSIES
ET ŒUVRES MORALES
DE
Leopardi

PREMIÈRE TRADUCTION COMPLÈTE
PRÉCÉDÉE D'UN
ESSAI SUR LEOPARDI
PAR
F. A. AULARD
Professeur à la Faculté des lettres de Poitiers.

TOME TROISIÈME.

PARIS
ALPHONSE LEMERRE, ÉDITEUR
27-31, PASSAGE CHOISEUL, 27-31

M DCCC LXXX

ŒUVRES MORALES

EN PROSE.

ŒUVRES MORALES
EN PROSE.

XV

Paroles mémorables de Filippo Ottonieri.

CHAPITRE PREMIER

ILIPPO OTTONIERI, dont j'entreprends d'écrire quelques pensées remarquables que je tiens en partie de lui-même, en partie des autres, naquit et vécut la plupart du temps à Nubiana, dans la province de Valdivento. Il y mourut récemment, et on n'y a point souvenir d'aucun homme qu'il ait injurié, ni en actes, ni en paroles.

Il fut haï généralement de ses concitoyens, parce qu'il parut prendre peu de plaisir à beaucoup de choses qui ont coutume d'être aimées et recherchées par la plupart des hommes : cependant il ne fit jamais paraître ni mésestime ni blâme pour ceux qui avaient plus d'attachement et plus d'amour que lui pour ces choses. On croit qu'il fut en effet, — et non pas seulement en pensée, mais dans la pratique, — ce que les autres hommes de son temps faisaient profession d'être, c'est-à-dire philosophe. Aussi parut-il singulier, bien qu'il n'affectât pas de paraître différent de la multitude en quoi que ce fût. Dans cette intention, il disait que la plus grande singularité qui se puisse trouver aujourd'hui dans les coutumes, dans les conditions ou dans les actes d'un particulier, si on la compare à la singularité des hommes qui parurent bizarres chez les anciens, se trouve être d'un bien autre genre. La singularité d'aujourd'hui diffère si peu des habitudes des contemporains, que, si grande qu'elle nous paraisse, elle aurait paru aux anciens ou faible ou nulle, chez les peuples qui furent anciennement les plus incultes ou les plus corrompus. Il comparait la singularité de J.-J. Rousseau, qui parut si étrange à nos pères, avec celle de Démocrite et des premiers philosophes cyniques. Il ajoutait que l'homme qui vivrait aujourd'hui aussi différemment de son temps, que ces philosophes grecs vivaient différemment du leur, au lieu d'être tenu pour singulier, serait, pour ainsi dire, exclu de l'espèce humaine par l'opinion publique. Et il estimait que d'après le degré de singularité que l'on pouvait trouver parmi les hommes d'un même pays et d'un même temps, on pouvait juger du degré de culture des hommes dans le même pays et dans le même temps.

Dans la vie, quoique très sobre, il se disait épicurien, peut-être plutôt par badinage que par sentiment; mais il condamnait Épicure : il disait que les contemporains de ce philosophe pouvaient tirer un bien plus grand plaisir de l'étude de la vertu et du soin de la gloire, que du repos, de la négligence et de l'usage des voluptés corporelles, où il plaçait le souverain bien de la vie. Et il affirmait que la doctrine épicurienne, si adaptée à l'âge moderne, ne convenait en rien à l'antiquité.

En philosophie, il aimait à se dire socratique; et souvent, comme Socrate, il passait une bonne partie du jour à raisonner philosophiquement, tantôt avec l'un, tantôt avec l'autre, et principalement avec quelques-uns de ses amis : la circonstance donnait le sujet de la discussion. Mais il ne fréquentait pas, comme Socrate, les boutiques des cordonniers, des menuisiers, des forgerons et des autres; il pensait que si les forgerons et les cordonniers d'Athènes avaient du temps à dépenser pour philosopher, ceux de Nubiana seraient morts de faim s'ils en avaient fait autant. Il ne raisonnait pas non plus, comme Socrate, par une suite de questions et d'arguments : quoique les modernes soient plus patients que les anciens, disait-il, on ne trouverait pas aujourd'hui quelqu'un qui tolérât de répondre à un millier de demandes à la file, et d'écouter une centaine de conclusions. En réalité, il n'avait de Socrate que la parole parfois ironique et dissimulée. Cherchant l'origine de la fameuse ironie socratique, il disait : Socrate, né avec une âme assez belle et partant avec des dispositions très grandes à aimer, mais, au physique, disgracié outre mesure, désespéra probablement, dès sa jeunesse, de pouvoir être aimé d'un autre amour que de celui de l'amitié; or l'amitié est peu propre à satisfaire un cœur délicat et ardent, qui éprouve souvent pour les autres une affection beaucoup plus douce. D'autre part, s'il avait abondamment tout le courage qui naît de la raison, il ne semble pas qu'il possédât suffisamment celui qui vient de la nature, pas plus que les autres qualités qui, dans ces temps de guerre et de sédition et dans cette grande licence des Athéniens, étaient nécessaires pour s'occuper dans sa patrie des affaires publiques. Là encore, son physique ingrat et ridicule ne lui aurait pas été peu nuisible auprès d'un peuple qui, même dans sa langue, mettait peu de différence entre le beau et le bon et avait en outre un penchant naturel à railler. Ainsi, dans une cité libre et pleine de bruit, de passions, d'affaires, de passe-temps, de richesses et d'autres ressources semblables, Socrate pauvre, repoussé par l'amour, peu propre aux affaires publiques et doué, néanmoins, d'un génie très grand qui, uni à de telles conditions, en devait accroître l'importunité outre mesure, se mit par loisir à raisonner subtilement sur les actions, sur les coutumes et sur les qualités de ses concitoyens ; il y mêla habituellement une certaine ironie, comme il devait arriver naturellement à quelqu'un qui se trouvait empêché d'avoir part, pour ainsi dire, à la vie. Mais la mansuétude et la magnanimité de sa nature, jointes à la célébrité que lui valurent ces raisonnements et qui dut consoler en partie son amour-propre, firent que cette ironie ne fut ni dédaigneuse ni acerbe, mais reposée et douce.

C'est ainsi que pour la première fois, suivant le mot fameux de Cicéron, on fit descendre la philosophie du ciel : Socrate l'introduisit dans la cité et dans les maisons. Il la détourna de la spéculation des choses occultes où elle avait été placée tout entière jusqu'alors ; il lui fit considérer les coutumes et la vie des hommes ; elle disputa de la vertu et des vices, des choses bonnes et utiles et de leurs contraires. Mais Socrate n'eut pas, dès le principe, l'intention de faire cette innovation, ni d'enseigner quoi que ce fût, ni d'obtenir le nom de philosophe, qui, à cette époque, était réservé aux seuls physiciens ou métaphysiciens, et qu'il ne pouvait espérer de mériter par de telles discussions et de telles conversations. Il fit ouvertement profession de ne rien savoir; il ne se proposa que de causer des affaires d'autrui : il préféra ce passe-temps à la philosophie même et à toute autre science, ou à tout autre art, parce que, naturellement porté à l'action beaucoup plus qu'à la spéculation, il ne se mettait à discourir qu'à cause des difficultés qui l'empêchaient d'agir. Dans ces entretiens, il s'adressa toujours aux personnes jeunes et belles plus volontiers qu'aux autres, comme s'il trompait son désir et comme s'il se plaisait d'être estimé de ceux dont il aurait souhaité d'être aimé. Et comme toutes les écoles de philosophie grecque, qui naquirent depuis, dérivèrent en quelque sorte de l'école socratique, Ottonieri concluait que l'origine de presque toute la philosophie grecque, d'où naquit la moderne, fut le nez écrasé et la figure de satyre d'un homme excellent d'esprit et très ardent de cœur.

Il ne laissa aucun écrit sur la philosophie ni sur rien qui fut en dehors de l'*usage privé*. On lui demandait pourquoi il ne philosophait pas par écrit, comme il avait coutume de faire de vive voix, et pourquoi il ne fixait pas ses pensées sur le papier. Il répondit : La lecture est une conversation que l'on a avec l'écrivain. De même que, dans les fêtes et les réjouissances publiques, ceux qui ne font pas ou ne croient pas faire partie du spectacle, ne tardent pas à s'ennuyer, de même, dans la conversation, il est généralement plus agréable de parler que d'écouter. Mais les livres sont, par nénécessité, comme ces personnes qui, en société, parlent toujours et n'écoutent jamais. Aussi faut-il que le livre dise de très bonnes et de très belles choses et les dise très bien, pour que le lecteur lui pardonne de parler toujours. Autrement, il est fatal que le livre se fasse haïr, comme se fait haïr tout parleur insatiable.

CHAPITRE II

Il n'admettait aucune distinction entre les affaires et les divertissements, et, toutes les fois qu'il avait été occupé à quelque chose, si grave que cette chose fût, il disait qu'il s'était distrait. Pour peu qu'il fût resté quelques instants sans occupations, il déclarait qu'il n'avait eu, dans cet intervalle, aucun passe-temps.

Il disait que les plaisirs les plus vrais de notre vie naissent des fausses imaginations et que les enfants trouvent tout, même dans rien, et les hommes rien dans tout.

Il assimilait chacun des plaisirs, appelés communément réels, à un artichaut dont on ne pourrait attendre ce qui est mangeable qu'en rongeant et en avalant d'abord toutes les feuilles, et il ajoutait que de tels artichauts sont encore très rares et que la plupart, extérieurement semblables à ceux-là, n'ont rien de mangeable à l'intérieur, et que, pour lui, il lui était difficile de s'astreindre à avaler les feuilles, et qu'il se contentait de s'abstenir des uns et des autres.

On lui demandait quel était le pire moment de la vie humaine. Il répondit : Excepté le temps de la douleur et celui de la crainte, je croirais pour ma part que les pires moments sont ceux du plaisir. Car l'espérance et le souvenir de ces moments, qui occupent le reste de la vie, sont choses meilleures et bien plus douces que les plaisirs même. Il comparait, en général, les plaisirs humains aux odeurs, car les odeurs ont coutume de laisser un bien plus grand regret d'elles-mêmes que n'importe quelle autre sensation, au point de vue du plaisir, et, à son avis, de tous les sens de l'homme, le plus éloigné de pouvoir se rassasier des plaisirs qui lui sont propres, c'était l'odorat. Il comparait aussi les odeurs à l'attente des biens ; il disait que les choses odoriférantes qui sont bonnes à manger ou à goûter ont ordinairement plus d'odeur que de saveur, puisqu'à les goûter on aura moins de plaisir qu'à les sentir, ou qu'elles seront moins bonnes que l'odorat le faisait espérer. Il racontait qu'il lui était souvent arrivé de supporter impatiemment le retard de quelque bien qu'il était déjà certain d'obtenir, non qu'il fut trop avide de ce bien, mais il craignait de s'en diminuer la jouissance en le caressant de trop d'imaginations qui le lui représenteraient beaucoup plus grand qu'il ne serait. Cependant il avait tout fait pour divertir son esprit de la pensée de ce bien, comme on fait pour les pensées mauvaises.

Il disait d'ailleurs que chacun de nous, dès qu'il vient au monde, est comme quelqu'un qui se couche dans un lit dur et incommode; à peine s'y trouve-t-il que, se sentant mal à son aise, il commence à se retourner sur chaque flanc, à changer sans cesse de place et d'attitude. Il passe de la sorte toute la nuit à toujours espérer de pouvoir prendre à la fin un peu de sommeil et à se croire parfois sur le point de s'endormir. L'heure arrive et, sans s'être jamais reposé, il se lève.

Observant, avec quelques personnes, des abeilles occupées à leur besogne, il dit : « Vous êtes heureuses, si vous ne comprenez pas votre malheur. »

Il ne croyait pas que l'on pût ni raconter les misères des hommes, ni en déplorer une seule suffisamment.

A cette question d'Horace : comment se fait-il que personne ne soit content de sa condition ? il répondait : La cause en est que personne n'a été heureux. Sujets et princes, pauvres et riches, faibles et puissants seraient très satisfaits de leur sort, et ne porteraient pas envie à autrui, car les hommes ne sont pas plus difficiles à contenter que n'importe quelle autre race ; mais ils ne se peuvent contenter que du bonheur. Or, s'ils sont toujours malheureux, quoi d'étonnant qu'ils ne soient jamais contents ?

Il faisait cette remarque : supposons que quelqu'un se trouve dans la plus heureuse condition de la terre, sans qu'il se puisse promettre de l'améliorer en rien ; on peut presque affirmer qu'il sera le plus malheureux de tous les hommes Même les plus vieux forment des projets et des espérances d'améliorer leur condition de quelque manière. Il rappelait un passage de Xénophon*, où celui-ci conseille, quand on doit acheter un terrain, d'acheter de ceux qui sont mal cultivés ; car, dit-il, un terrain, qui ne doit pas te rapporter plus qu'il ne te rapporte, ne te fait pas tant de plaisir qu'il ne t'en ferait si tu le voyais passer du bien au mieux ; et tous les patrimoines que nous voyons aller en s'accroissant nous donnent bien plus de contentement que les autres.

Il remarquait au contraire qu'il n'y a point de situation si malheureuse qu'elle ne puisse empirer, et qu'aucun mortel, si malheureux qu'il soit, ne peut avoir la consolation de se vanter d'être dans une telle infortune qu'elle ne comporte pas d'accroissement. Bien que l'espérance n'ait pas de

---

* Œcon. cap. 20, § 23.

bornes, les biens des hommes sont bornés. Bien plus, à peu de choses près, le riche et le pauvre, le maître et l'esclave, si nous comparons leur condition à leurs habitudes et à leurs désirs, se trouvent avoir généralement la même quantité de biens. Mais la nature n'a mis aucune limite à nos maux, et l'imagination même ne peut forger aucune calamité si grande qu'elle ne se réalise présentement ou qu'elle se soit déjà réalisée chez quelqu'un de notre espèce. La plupart des hommes ne peuvent espérer aucun accroissement de leur bonheur, tandis que le cours de la vie fournit à tous de trop réels motifs de crainte.

La fortune a beau faire, elle ne perd jamais la faculté de nous infliger de nouveaux malheurs capables de vaincre et de rompre la fermeté même du désespoir.

Il se moquait souvent de ces philosophes qui ont estimé que l'homme se peut soustraire à la puissance de la fortune, en méprisant et en regardant comme étrangers tous les biens et tous les maux qu'il ne dépend pas de lui d'atteindre ou d'éviter, de maintenir ou de repousser, et en ne plaçant son bonheur ou son malheur que dans ce qui dépend totalement de lui. Au sujet de cette opinion, il disait, entre autres choses : S'il y eut jamais quelqu'un qui vécût avec autrui en vrai et en parfait philosophe, personne n'a vécu ni ne vit de cette manière avec lui-même, et il est aussi possible de ne pas s'occuper de ses affaires plus que de celles d'autrui, que de s'occuper de celles d'autrui comme si elles étaient à soi. Mais, supposé que cette disposition d'âme, dont parlent ces philosophes, non seulement fût possible, ce qui n'est pas, mais se trouvât réellement et actuellement dans l'un de nous, et qu'elle y fût encore plus parfaite qu'ils ne le disent, affermie et rendue naturelle par un long usage et par mille expériences, est-ce que, néanmoins le bonheur et le malheur d'un tel homme ne seraient pas au pouvoir de la fortune? Ne serait-elle pas soumise à la fortune, cette disposition même de l'âme qui, présument-ils, s'y doit soustraire? La raison de l'homme n'est-elle pas soumise chaque jour à une infinité d'accidents? Les innombrables maladies qui apportent la stupidité, le délire, la frénésie, la fureur, la sottise, cent autres genres de folie courte ou durable, temporaire ou perpétuelle, ne peuvent-elles pas la troubler, la débiliter, la bouleverser, l'éteindre? La mémoire, conservatrice de la sagesse, ne va-t-elle pas toujours s'usant et s'amoindrissant quand on s'éloigne de la jeunesse? Combien, dans la vieillesse, deviennent enfants d'esprit! Presque tous perdent, à cet âge, la vigueur de l'intelligence. En outre, à cause de quelque mauvaise disposition physique que ce soit, même dans la santé et l'intégrité de toute faculté d'intelligence et de mémoire, le courage et la fermeté s'allanguissent plus ou moins. Enfin, c'est une grande folie de confesser que votre corps est soumis à toutes les choses qui ne sont pas en votre pouvoir et de nier, avec cela, que l'âme, qui dépend du corps presque en tout, soit nécessairement sujette d'aucun objet extérieur. Et il concluait que l'homme tout entier est toujours et invinciblement au pouvoir de la fortune.

On lui demandait pourquoi naissent les hommes. Il répondit par plaisanterie : Pour connaître combien il est plus à propos de n'être pas né.

CHAPITRE III

A propos d'une certaine mésaventure qui lui était arrivée, il dit : Perdre une personne aimée, par quelque accident subit ou par une maladie courte et rapide, n'est pas si cruel que de la voir se détruire peu à peu (et cela lui était arrivé) par une longue infirmité, qui ne l'enlève qu'après l'avoir changée de corps et d'âme et comme transformée en une autre personne. Chose misérable, car, en ce cas, la personne aimée ne s'en va pas en nous laissant, à sa place, une image non moins aimable que par le passé ; mais elle nous reste devant les yeux toute différente de celle que tu as aimée autrefois, de manière que toutes les illusions de l'amour nous sont violemment arrachées de l'âme et, quand elle se retire pour toujours de notre présence, cette première image, que nous avions dans la pensée, se trouve remplacée par la nouvelle image. Ainsi nous venons à perdre tout à fait la personne aimée ; elle ne peut plus survivre pour nous, même en imagination, et l'imagination, au lieu de nous consoler, ne nous offre que des matières de tristesse. Enfin, de semblables mésaventures ne laissent, dans la douleur qu'elles apportent, aucun point pour s'y reposer.

Quelqu'un se plaignait de je ne sais quelle peine et disait : « Si je pouvais m'en délivrer, toutes les autres que j'ai me seraient légères à supporter. » Il répondit : « Au contraire : alors elles seraient lourdes, maintenant elles te sont légères. »

Un autre disait : « Si cette douleur avait duré davantage, elle n'aurait pas été supportable. » Il répondit : « Au contraire : grâce à l'habitude, tu l'aurais mieux supportée. »

Et en beaucoup de choses relatives à la nature des hommes, il s'écartait des jugements ordinaires de la multitude, et parfois aussi de ceux des sages. Par exemple, il disait que les moments opportuns pour faire une demande ou une prière n'étaient pas ceux où la personne à solliciter ou à prier éprouve une allégresse insolite. Surtout, disait-il, quand la requête n'est pas telle que celui à qui on s'adresse puisse la satisfaire aussitôt par un simple consentement ou à peu près : j'estime que, chez les hommes, la joie n'est pas moins inopportune que la douleur, pour obtenir quelque chose d'eux. Car l'une et l'autre passion emplissent également l'homme de la pensée de lui-même de sorte qu'elles n'y laissent point de place pour les affaires d'autrui. Comme le mal dans la douleur, ainsi le bonheur dans la grande allégresse tend et occupe l'âme et la rend incapable du souci des besoins et des désirs d'autrui. L'un et l'autre moment sont particulierement étrangers à la compassion : celui de la douleur, parce que l'homme est entierement tourné a la pitié de lui-même, et celui de la joie parce qu'alors toutes les choses humaines et toute la vie nous apparaissent comme très joyeuses et très agréables ; si bien que les mésaventures et les peines paraissent comme de vaines imaginations, ou du moins on en repousse la pensée, comme étant trop en désaccord avec la disposition présente de notre esprit. Les meilleurs moments pour tenter de décider quelqu'un à agir aussitôt, ou à se résoudre à agir, dans l'intérêt d'autrui, sont ceux de quelque allégresse paisible et modérée, qui ne soit ni extraordinaire, ni vive; ou aussi, et mieux encore, ceux d'une joie qui, bien que vive, n'a aucun sujet déterminé, mais naît de belles pensées et consiste en une tranquille agitation de l'esprit. En cet état, les hommes sont plus disposés que jamais à la compassion, plus faciles à qui les prie, et parfois ils saisissent volontiers l'occasion d'obliger les autres et de tourner en quelque action louable ce mouvement confus et cet élan agréable de leurs pensées.

Il niait également que le malheureux, en racontant ou en exprimant d'une façon quelconque ses maux, rencontre d'ordinaire une plus grande compassion ou un plus grand souci chez ceux qui ont avec lui une plus grande conformité de peines. Au contraire : en entendant nos plaintes ou en apprenant notre condition n'importe comment, ils ne font attention qu'à une chose, qui est de mettre en eux-mêmes leurs maux au-dessus des nôtres, comme plus graves : et souvent il arrive que, quand nous les croyons le plus émus sur notre état, ils nous interrompent pour nous raconter leur sort, et s'efforcent de nous persuader qu'il est moins tolérable que le nôtre. Et il disait qu'en de tels cas il arrive ordinairement ce qu'on lit d'Achille dans l'*Iliade* : Priam, suppliant et pleurant, était prosterné à ses pieds : à peine a-t-il fini sa lamentation misérable qu'Achille se met à pleurer à part lui, non des maux de Priam, mais de ses propres infortunes, au souvenir de son père et de son ami tué. Ottonieri ajoutait que ce qui donne parfois de la compassion, c'est d'avoir soi-même éprouvé jadis les mêmes maux qu'on entend ou qu'on voit dans autrui, mais non pas de les supporter dans le moment.

Il disait que la négligence et l'irréflexion sont des motifs de commettre une infinité d'actes cruels ou méchants, et que souvent ces défauts ont une apparence de cruauté et de méchanceté. Par exemple, quelqu'un qui, sortant de chez lui pour aller à quelque passe-temps, laisse ses esclaves, en un lieu découvert, grelotter à la pluie : non par âme dure et impitoyable, mais n'y pensant pas ou ne se rendant pas compte de leur souffrance. Il estimait que chez les hommes l'irréflexion est beaucoup plus fréquente que la méchanceté, l'inhumanité et les autres sentiments semblables, qu'elle est l'origine d'un très grand nombre de mauvaises œuvres, et qu'une très grande partie des actions et des démarches des hommes, qu'on attribue à quelque vil défaut moral, ne sont vraiment autre chose que de l'étourderie.

Il dit, dans une certaine occasion, qu'une pleine et manifeste ingratitude était moins pénible pour un bienfaiteur que de se voir rémunéré d'un grand bienfait par un petit, grâce auquel l'obligé, par grossièreté de jugement ou par méchanceté, peut se croire ou se prétendre délié de toute obligation, tandis que lui paraîtra récompensé, ou, par civilité, fera semblant de se tenir pour récompensé : ainsi, d'un côté il est privé de la gratitude toute nue et toute stérile qu'il s'était vraisemblablement promise dans une certaine mesure, de l'autre il perd la faculté de se plaindre librement de l'ingratitude, ou de paraître, comme il l'est en effet, mal et injustement payé de retour.

Je lui ai aussi entendu attribuer cette pensée.

Nous sommes enclins et accoutumés à supposer chez ceux avec qui il nous arrive de converser, beaucoup de finesse et d'habileté pour apercevoir nos qualités véritables, ou celles que nous croyons avoir, ou pour connaitre la beauté ou quelque autre vertu de nos paroles et de nos actions. Nous leur supposons aussi beaucoup de profondeur, une grande force de réflexion et beaucoup de mémoire, pour considérer ces vertus et ces qualités et les avoir toujours présentes à l'esprit : et pourtant, eu égard à toute autre chose, nous ne découvrons pas en eux ces dons ou nous n'avouons pas entre nous que nous les découvrons.

CHAPITRE IV.

Il remarquait que quelquefois les hommes irrésolus sont très persévérants dans leurs desseins, en dépit des difficultés, et cela par leur irrésolution même ; attendu que s'ils renonçaient au parti qu'ils ont une fois pris, il leur faudrait se décider une seconde fois. Quelquefois ils sont très prompts et très actifs à exécuter ce qu'ils ont résolu : car, craignant d'en venir d'un moment à l'autre à abandonner le dessein qu'ils ont formé et de revenir à cette douloureuse perplexité d'une âme en suspens, où ils ont été avant de se décider, ils hâtent l'exécution et y emploient toute leur force; ils y sont plus excités par l'anxiété et l'incertitude de pouvoir se vaincre eux-mêmes que par l'objet propre de leur entreprise et par les autres obstacles qu'ils ont à surmonter pour y atteindre.

Il disait quelquefois en riant que les personnes accoutumées à communiquer continuellement leurs pensées et leurs sentiments aux autres, s'exclament, même quand elles sont seules, si une mouche les pique, si elles renversent un vase ou le laissent tomber; qu'au contraire celles qui sont accoutumées à vivre en elles-mêmes et à se renfermer dans leur for intérieur, même si elles se sentent saisies d'apoplexie et qu'elles soient en présence d'autres personnes, n'ouvrent pas la bouche.

Il estimait qu'une bonne partie des hommes, anciens et modernes, qui sont réputés grands ou extraordinaires, ont acquis cette réputation surtout par la prédominance de quelqu'une de leurs qualités sur les autres. Un homme en qui les qualités de l'esprit seraient balancées et proportionnées entre elles, quand même elles seraient extraordinaires et démesurément grandes, pourrait à peine faire des choses dignes de l'une ou l'autre épithète ni paraître aux contemporains ou à la postérité grand ou extraordinaire.

Il distinguait, dans les nations civilisées modernes, trois genres de personnes. Le premier est celui des hommes dont la nature, en ses éléments particuliers comme aussi en ses éléments communs à tous, se trouve changée et transformée par l'art et les habitudes de la vie civilisée. De ce genre, disait-il, sont toutes les personnes qui sont aptes aux affaires privées ou publiques, à se mêler avec plaisir au commerce affable des hommes, à se rendre à leur tour agréables à ceux avec lesquels elles se trouvent vivre ou qu'elles pratiquent personnellement d'une manière ou d'une autre; enfin celles qui sont aptes à l'usage de la vie civile actuelle. Ce seul genre, disait-il, pour parler en général, atteint et possède, dans les nations susdites, l'estime des hommes. Le second genre comprend ceux dont la nature ne semble pas suffisamment changée par rapport à sa première condition, soit qu'elle n'ait pas été, comme on dit, cultivée, ou que, par son étroitesse et son insuffisance, elle ait été peu apte à recevoir et à conserver les impressions et les effets de l'art, de la pratique et de l'exemple. C'est là le genre le plus nombreux : mais il est méprisé non moins par lui-même que par les autres, digne de peu de considération, et il consiste en somme en ce peuple qui a ou mérite le nom de vulgaire, en quelque condition et en quelque état que la fortune l'ait placé. Le troisième, incomparablement inférieur en nombre aux deux autres, presque aussi méprisé que le second, souvent même bien davantage, est celui des personnes en qui la nature, par surabondance de force, a résisté à l'art de notre vie présente et la repousse loin d'elle, en n'en conservant qu'une petite partie, insuffisante pour l'usage des affaires et pour se conduire avec les hommes ainsi que pour se rendre agréable et estimé en conversant avec eux. Et il subdivisait ce genre en deux espèces : l'une tout à fait forte et vigoureuse, méprisant le mépris qu'on lui porte universellement, souvent plus joyeuse de ce mépris que si on l'honorait, différente des autres non seulement par nécessité de nature, mais aussi volontairement et de bon gré, éloignée des espérances ou des plaisirs du commerce des hommes et solitaire au milieu de la cité, non moins parce qu'elle évite les autres que parce qu'elle en est évitée. Il ajoutait que cette espèce ne se rencontre que très rarement. L'autre espèce était, disait-il, d'une nature dont la force était mêlée d'une sorte de faiblesse et de timidité, si bien que cette nature est en lutte avec elle-même. Les hommes de cette espèce ne sont point par volonté éloignés de converser avec les autres ; ils désirent en beaucoup de choses diverses se rendre conformes ou semblables aux hommes du premier genre ; ils s'affligent dans leur cœur de la mésestime où ils se voient, et de paraître au-dessous d'hommes qui leur sont démesurément inférieurs en génie et en caractère, et ils ne viennent pas à bout, quelque soin et quelque diligence qu'ils y mettent, de s'adapter à l'usage de la vie ni de se rendre dans la conversation tolérables, je ne dis pas à autrui, mais à eux-mêmes. Tels ont été dans les âges précédents, tels sont de notre temps, l'un plus, l'autre moins, beaucoup des génies les plus grands et les plus délicats Et comme exemple insigne, il citait Jean-Jacques Rousseau, ajoutant à cet exemple un autre tiré des anciens, c'est-à-dire Virgile : dans sa *Vie* latine, qui porte le nom du grammairien Donat, il est rapporté d'après l'autorité de Mélissus, grammairien lui aussi et affranchi de Mécène, qu'il avait beaucoup de difficulté à parler et qu'on l'eût pris pour un ignorant. Cela est-il vrai, et Virgile, précisément par la merveilleuse finesse de son génie, était-il peu apte à vivre avec les hommes? Il lui semblait qu'on pouvait le déduire avec beaucoup de probabilité, autant de l'art très subtil et très pénible de son style, que du caractère propre de sa poésie, et, aussi, de ce qu'on lit à la fin du second livre des *Géorgiques*. Là le poète, contre l'usage des Romains antiques, et surtout de ceux d'un grand génie, se déclare désireux de la vie obscure et solitaire ; et cela de manière à faire comprendre qu'il y est contraint par sa nature plutôt qu'enclin, et qu'il aime plus cette vie-là comme un remède ou comme un refuge que comme un bien. Et comme, généralement parlant, les hommes de ces deux espèces ne sont pas estimés.

si ce n'est quelques-uns après leur mort, et que ceux-là sont de peu ou d'aucun compte, non seulement morts, mais vivants, il disait qu'on pouvait affirmer universellement que, de notre temps, l'estime commune des hommes ne s'obtient dans la vie qu'en se changeant soi-même et en s'éloignant beaucoup de sa nature. En outre, comme aujourd'hui presque toute la vie civile est formée des personnes du premier genre, dont la nature tient comme le milieu entre les deux autres genres, on peut connaître, concluait-il, par ce moyen comme par mille autres que maintenant l'usage, le maniement et le pouvoir des choses humaines est presque entièrement aux mains de la médiocrité.

Il distinguait aussi trois états dans la vieillesse considérée par rapport aux autres âges de l'homme. Dans les commencements des nations, quand tous les âges furent justes et vertueux de mœurs et d'habitudes, et tant que l'expérience et la connaissance des hommes n'eurent pas pour effet d'écarter les âmes de l'honnêteté et de la droiture, la vieillesse fut vénérable par-dessus les autres âges : car avec l'esprit de justice et de semblables qualités, alors communes à tous, il se rencontrait en elle, comme c'est naturel, un plus grand sens et une plus grande prudence. Par la suite des temps, au contraire, les mœurs s'étant corrompues et perverties, aucun âge ne fut plus vil ni plus abominable que la vieillesse; elle a la passion du mal plus que les autres âges, par la longue habitude, par la grande connaissance des choses humaines, par les effets de la méchanceté d'autrui plus longtemps et plus souvent supportée et par cette froideur qu'elle a naturellement, et, en même temps, elle est impuissante à faire le mal, si ce n'est par les calomnies, les fraudes, les perfidies, les ruses, les feintes, bref, par les plus abjects des artifices coupables. Mais quand la corruption des peuples eût dépassé toute limite, quand le mépris de la droiture et de la vertu précéda chez les hommes l'expérience et la connaissance du monde et de la triste vérité, ou plutôt quand, pour ainsi dire, l'expérience et la connaissance précèdèrent l'âge, et que l'homme dès l'enfance fût expérimenté, instruit et gâté, la vieillesse alors devint, je ne dis pas vénérable, car depuis ce temps-là peu de choses ont mérité ce titre, mais plus tolérable que les autres âges. La ferveur de l'âme et la vigueur du corps, qui, autrefois, venant en aide à l'imagination et à la noblesse des pensées, avaient été souvent la cause partielle de mœurs, de sentiments et d'actes vertueux, ne furent plus que les aiguillons et les instruments des mauvais désirs ou des mauvaises actions, et donnèrent de la force et de la vie à la méchanceté : cette méchanceté, sur le déclin des ans, fut adoucie et calmée par la froideur du cœur et la faiblesse des membres, choses d'ailleurs qui portent plus au vice qu'à la vertu. En outre, cette même expérience et cette connaissance des choses humaines, devenues tout à fait haïssables, fastidieuses et viles, au lieu de tourner les honnêtes gens vers le mal, comme par le passé, prirent la force d'en atténuer et parfois d'en éteindre l'amour dans les âmes tristes. Ainsi, si l'on compare la vieillesse aux autres âges par rapport aux mœurs, on peut dire qu'elle a été, dans les premiers temps, comme le meilleur est au bon; dans les temps corrompus, comme le pire est au mauvais; et que, dans les temps suivants et pires, ce fut tout le contraire.

CHAPITRE V

Il raisonnait souvent de cette qualité d'amour-propre qu'on appelle aujourd'hui égoïsme, car il rencontrait fréquemment, je crois, l'occasion d'en parler. Je raconterai quelques-unes de ces pensées à ce sujet. Il disait qu'aujourd'hui, quand quelqu'un est loué de sa probité ou blâmé de son improbité par une personne qui ait eu ou qui ait affaire à lui, cela ne nous apprend rien sur son compte, si ce n'est que cette personne qui le blâme ou le loue, est contente ou mécontente de lui; contente, si elle fait son éloge, mécontente, si elle fait sa critique.

Il niait que quelqu'un, en ce temps, pût aimer sans rival, et, comme on lui demandait pourquoi : Parce que, assurément, répondait-il, la personne aimée est l'ardent rival de la personne qui aime.

Supposons, disait-il, que vous fassiez une demande à une personne, n'importe laquelle, et qu'on ne vous puisse satisfaire sans encourir la haine ou la malveillance d'un tiers ; supposons aussi que la personne sollicitée, le tiers et vous, vous soyez tous trois égaux, ou à peu près, en condition et en puissance. Je dis que vraisemblablement votre demande ne vous sera accordée d'aucune façon, même si cette complaisance devait vous obliger grandement envers votre bienfaiteur et vous rendre encore plus bienveillant à son égard que la tierce personne ne serait rendue malveillante. Mais on redoute plus de la haine et de la colère des hommes qu'on n'espère de leur amour et de leur gratitude. Et c'est raisonnable, car on voit qu'en général ces deux premières passions agissent plus souvent et font preuve de plus d'efficacité que les passions contraires. La cause en est que celui qui s'efforce à nuire à ceux qu'il hait et qui cherche vengeance, travaille pour lui : celui qui tâche d'être utile à ceux qu'il aime et qui récompense les bienfaits reçus, travaille pour ses amis et pour ses bienfaiteurs.

Il disait que, généralement, les complaisances que l'on a et les services que l'on rend aux autres, avec une espérance et une recherche d'utilité personnelle, atteignent rarement leur but, car les hommes, surtout aujourd'hui qu'ils ont plus de science et plus de sens qu'autrefois, reçoivent aisément et rendent difficilement. Néanmoins, parmi de telles complaisances et de tels services, si ce sont des jeunes gens qui obligent des vieillards riches ou puissants, ils arrivent à leurs fins, non seulement plus souvent que dans les autres cas, mais encore la plupart du temps.

Les considérations suivantes, qui concernent principalement les mœurs modernes, je me rappelle les avoir apprises de sa bouche.

Aujourd'hui, il n'est aucune chose qui fasse honte aux hommes qui ont l'usage et l'expérience du monde, si ce n'est d'avoir honte ; ils ne rougissent que de cela, si parfois ils rougissent.

Merveilleux est le pouvoir de la mode : quand les nations et les hommes sont si tenaces dans les autres usages, si obstinés à juger, à agir et à procéder selon leurs habitudes, même contre la raison et contre l'intérêt, la mode, toutes les fois qu'elle le veut, leur fait en un instant quitter, changer, prendre des usages, des manières et des opinions, même si les choses qu'ils abandonnent sont raisonnables, utiles, belles et convenables, et si celles qu'ils adoptent sont tout le contraire.

L'infinité de choses qui, dans la vie commune ou chez des hommes en particulier, sont vraiment ridicules, il est très rare qu'on en rie, et si quelqu'un se risque à en rire, comme il n'arrive pas à communiquer son rire aux autres, il s'en abstient bien vite. Au contraire, on rit tout le jour de mille choses très graves ou très convenables et on en fait rire les autres très facilement. Ou plutôt la plupart des choses dont on rit ordinairement sont tout autres que ridicules en effet; et de beaucoup l'on rit, par cette cause même qu'elles ne sont risibles ni en partie ni assez pour que cela suffise.

Nous disons et nous entendons dire à chaque instant « la vertu des anciens, la vertu de nos ancêtres, » et « un homme antique » pour dire un homme de bien et à qui on peut se fier. Chaque génération croit, d'une part, que le passé vaut mieux que le présent; d'autre part, que les peuples s'améliorent en s'éloignant chaque jour davantage de leur premier état, et que, s'ils rétrogradaient, ils deviendraient pires.

Assurément, le vrai n'est pas beau. Néanmoins, même le vrai peut souvent donner quelque plaisir, et si, dans les choses humaines, il faut préférer le beau au vrai, le vrai, là où manque le beau, est à préférer à toute autre chose. Or, dans les grandes villes, on est loin du beau, car le beau n'a plus aucune place dans la vie des hommes. On est aussi bien loin du vrai, car, dans les grandes villes, toute chose est feinte ou vaine. De sorte que là, pour ainsi dire, vous ne voyez, n'entendez, ne touchez, ne respirez que fausseté, et que fausseté laide et déplaisante. On peut dire que, pour les esprits délicats, c'est la plus grande misère du monde.

Ceux qui ne sont pas forcés de pourvoir eux-mêmes à leurs besoins et qui en laissent le soin aux autres, ne peuvent pas d'ordinaire (ou s'ils le peuvent, c'est avec la plus grande difficulté et insuffisamment) pourvoir à un besoin dominant qu'ils ont de toute façon. Je parle du besoin d'occuper leur vie, qui est beaucoup plus grand que tous les besoins particuliers auquel on pourvoit, en l'occupant, et qui est même plus grand que le besoin de vivre. Ou plutôt, la vie n'est pas un besoin en soi, car, séparée de la félicité, ce n'est pas un bien. Au lieu que, la vie une fois donnée, le premier et le plus grand besoin est de la mener avec le moins de misère que l'on peut. Or, d'une part, la vie inoccupée ou vide est très misérable; d'autre part, le mode d'occupation qui rend la vie le moins misérable est celui qui consiste à pourvoir à ses propres besoins.

Il disait que la coutume de vendre et d'acheter des hommes était chose utile au genre humain, et il alléguait que l'usage d'inoculer la petite vérole, qui commença à Constantinople, puis passa en Angleterre et, de là, dans les autres parties de l'Europe, venait de la Circassie, où la petite vérole naturelle, en nuisant à la vie et aux formes des enfants et des jeunes gens, était fort préjudiciable au commerce que ces peuples font de leurs jeunes filles.

Il racontait, à son propre sujet, qu'au moment où il sortit des écoles et entra dans le monde, il se proposa, en jeune homme inexpérimenté et ami de la vérité, de ne jamais consentir à louer une personne ni une chose qu'il rencontrerait dans le commerce des hommes, si ce n'est quand elle lui paraîtrait vraiment louable; mais que, après une année ou, restant ferme dans son propos, il n'eut à louer aucune chose ni aucune personne, il craignit d'oublier tout à fait, par manque d'exercice, ce qu'en rhétorique il avait peu auparavant appris sur le genre encomiastique ou laudatif: alors il se départit de son dessein et peu après y renonça complètement.

CHAPITRE VI

Il avait coutume de se faire lire tantôt un livre, tantôt un autre, le plus souvent d'un écrivain antique, et de temps en temps il interrompait la lecture par quelque propos personnel et quelque commentaire à haute voix sur tel ou tel passage. Ainsi on lisait dans les *Vies des philosophes* écrites par Diogène Laerce que, comme on demandait à

Chilon ce qui distinguait les gens instruits des ignorants, il répondit : « L'espérance. » Ottonieri répartit : Aujourd'hui c'est tout l'opposé : car les ignorants espèrent et les gens instruits n'espèrent rien.

Semblablement, dans les mêmes *Vies*, à propos de l'affirmation de Socrate qu'il n'y a au monde qu'un seul bien, et que ce bien est la science, qu'un seul mal, et que ce mal est l'ignorance, il dit : Quant à la science et à l'ignorance antiques, je ne sais pas : mais aujourd'hui je prendrais le contre pied de ce propos.

Dans le même livre, relativement à cette doctrine de la secte des Hégésiaques : « Le sage, quoi qu'il fasse, le fera dans son propre intérêt », il dit : Si tous ceux qui procèdent de cette sorte sont philosophes, Platon peut venir et réaliser sa république dans tout le monde civilisé.

Il recommandait beaucoup une pensée de Bion de Borysthène citée par le même Diogène : que les plus malheureux de tous sont ceux qui cherchent le plus grand bonheur. Et il ajoutait qu'au contraire, les plus heureux sont ceux qui savent se contenter des petits biens, et, même après qu'ils sont passés, les repasser et en jouir dans leur esprit.

Il appliquait aux différents âges des nations civilisées ce vers grec : « Les jeunes gens agissent, les hommes mûrs délibèrent, les vieillards regrettent »; et il disait qu'en vérité il ne reste à l'âge présent que des regrets.

Plutarque raconte que Stratoclès avait persuadé aux Athéniens de faire un sacrifice comme s'ils étaient vainqueurs : ceux-ci, quand ils apprirent la vérité sur leur défaite, s'indignèrent. Mais Stratoclès leur dit : Quelle injure vous ai-je faite, moi qui ai su vous tenir en fête et en joie pendant l'espace de trois jours? — Ottonieri ajouta : La même réponse serait bien appropriée à ceux qui se plaignent de la nature, lui reprochant de tenir le vrai aussi caché qu'elle le peut, et de le recouvrir de beaucoup d'apparences vaines, mais belles et agréables : « Quelle injure vous fais-je, pourrait dire la nature, en vous tenant joyeux pendant trois ou quatre jours? » Et, en une autre occasion, il dit qu'on pouvait appliquer à notre espèce en général, eu égard aux erreurs naturelles de l'homme, ce que dit le Tasse de l'enfant réduit par supercherie à avaler une médecine : *Et il reçoit la vie de son erreur.*

On lui lisait, dans les *Paradoxes* de Cicéron, un passage qu'on pourrait traduire ainsi : « Est-ce que par hasard les voluptés rendent l'homme meilleur ou plus louable? Y a-t-il quelqu'un qui se vante de jouir ou qui en tire gloire? » — « Mon cher Cicéron, dit-il, je n'ose pas dire que la volupté rend les modernes meilleurs ou plus louables : mais qu'elle les fasse louer davantage, ce n'est que trop vrai. Tu dois savoir qu'aujourd'hui presque tous les jeunes gens ne suivent qu'une route pour atteindre la louange, et c'est celle qui les y mène à travers les voluptés. Non seulement ils se vantent de ces voluptés, quand ils les obtiennent, et ils en font une infinité de propos avec leurs amis, avec les étrangers, avec qui veut et avec qui ne veut pas les entendre, mais encore il en est beaucoup qu'ils désirent et recherchent, non comme voluptés, mais comme sujets de gloire, comme motifs de fierté : souvent même ils s'en attribuent qu'ils n'ont ni obtenues, ni même cherchées et qui sont purement imaginaires.

Il remarquait, dans l'histoire de l'expédition d'Alexandre le Grand par Arrien, qu'à la journée d'Yssus, Darius plaça les mercenaires grecs sur le front de son armée, et qu'Alexandre plaça ses mercenaires, également grecs, en arrière de ses troupes, et il estimait que d'après cette seule circonstance on pouvait prévoir l'issue de la bataille.

Loin de blâmer les écrivains qui parlaient beaucoup d'eux-mêmes, il les en louait et les en aimait : car, disait-il, ils sont en cela presque toujours et presque tous éloquents, et d'ordinaire ils ont alors un style bon et convenable, même contre leur propre habitude ou contre celle de leur temps et de leur pays. Et ce n'est pas étonnant : en effet, ceux qui écrivent sur leurs propres affaires ont l'âme fortement saisie et occupée de leur sujet :

ils ne manquent jamais ni de pensées ni de passions nées du sujet même et dans leur âme même, qui ne sont pas transportées d'ailleurs ni puisées à d'autres sources et qui n'ont rien de commun ni d'usé; ils s'abstiennent aisément des ornements frivoles en eux-mêmes ou inopportuns, des grâces et des beautés fausses ou qui ont plus d'apparence que de substance, de l'affectation et de tout ce qui est hors de la nature. Et il croyait très faux qu'ordinairement les lecteurs se soucient peu de ce que les écrivains disent d'eux-mêmes : d'abord, parce que tout ce qui est vraiment pensé et senti par l'écrivain même et dit d'une manière naturelle et convenable, fait naître l'attention et est suivi d'effet; ensuite, parce que jamais on ne représente les affaires d'autrui avec plus de vérité et de vigueur qu'en parlant des siennes propres : car tous les hommes se ressemblent entre eux, tant dans leurs qualités naturelles que dans celles qui viennent des accidents et de la fortune, et les choses humaines, quand on les considère chez soi-même, s'aperçoivent et se sentent bien mieux que chez les autres. Entre autres preuves à l'appui, il citait le discours de Démosthène pour la Couronne, où l'orateur, en parlant continuellement de lui, se surpasse en éloquence. Il arrive presque toujours la même chose à Cicéron, quand il touche à ses propres affaires : on le voit particulièrement dans la Milonienne, tout entière admirable, mais surtout à la fin, où l'orateur se met en scène. De même, le passage le plus beau et le plus éloquent des Oraisons de Bossuet est celui où, achevant l'éloge du prince de Condé, il fait allusion à sa propre vieillesse et à la mort dont il est proche. Parmi les écrits de l'empereur Jullien, qui, partout ailleurs, se montre sophiste et souvent intolérable, le plus judicieux et le plus louable est le *Misopogon*, c'est-à-dire *discours contre la barbe*, où il répond aux propos et aux médisances des Antiochiens contre lui. Dans ce petit livre, en dehors des autres qualités, il n'est guère inférieur à Lucien ni par la grâce comique, ni par l'abondance, la finesse et la vivacité des plaisanteries : tandis que dans les *Césars*, où il imite Lucien, il est sans grâce ; ses facéties sont pauvres, faibles et dépourvues de sel. Parmi les Italiens, qui d'ailleurs manquent presque entièrement d'écrits éloquents, l'apologie que Lorenzino de Médicis écrivit pour sa justification propre, est un exemple d'éloquence grande et parfaite de tous points. Tasse également est souvent éloquent dans ses écrits en prose, où il parle beaucoup de lui même, et il est presque toujours très éloquent dans ses lettres, où il ne s'occupe, on peut le dire, que de ses propres infortunes.

CHAPITRE VII.

On se souvient encore de quelques-uns de ses mots et de ses traits d'esprit; par exemple, de la réponse qu'il fit un jour à un tout jeune homme, très zélé pour les lettres, mais sans expérience du monde. Celui-ci disait qu'on apprend, sur l'art de se conduire dans la vie sociale et sur la connaissance pratique des hommes, cent feuilles par jour. Ottonieri répartit : Oui, mais le livre a cinq millions de feuillets.

Un autre jeune homme, inconsidéré et téméraire, pour riposter à ceux qui lui reprochaient ses échecs journaliers et les affronts qu'il recevait, avait coutume de répondre qu'il ne faut pas faire plus de cas de la vie que d'une comédie. Ottonieri lui dit un jour : Même dans une comédie, il vaut mieux remporter des applaudissements que des sifflets, et le comédien mal instruit dans son art, ou maladroit à la pratique, finit par mourir de faim.

Les sergents de ville avaient arrêté un misérable assassin, qui, après son méfait, n'avait pu fuir, parce qu'il était boiteux : Vous voyez, mes amis, dit-il, que la justice, bien qu'on la dise boiteuse, rejoint le malfaiteur, s'il est boiteux.

Il voyageait en Italie, et un courtisan, qui voulait le mordre, lui avait dit, je ne sais où : Je te parlerai sincèrement, si tu me le permets. Il répondit : Je serai enchanté de t'entendre ; en voyage, on cherche les choses rares.

Contraint, une fois, par je ne sais quelle nécessité, d'emprunter de l'argent à quelqu'un : celui-ci s'excuse de ne pouvoir lui en donner et conclut en affirmant que, s'il avait été riche, son plus grand souci aurait été de songer aux besoins de ses amis : Je serais bien fâché, répliqua-t-il, que tu fusses en souci à cause de nous ; je prie Dieu qu'il ne te fasse jamais riche.

Étant jeune, il avait composé quelques vers, où il avait employé quelques mots anciens. Une dame âgée, à laquelle il les lut sur sa demande, lui dit qu'elle ne les comprenait pas, parce que ces mots-là n'avaient pas cours de son temps. Il répondit : Mais je croyais qu'ils avaient cours alors, puisqu'ils sont très vieux.

A un avare très riche, on avait volé une petite somme. Il dit qu'il avait été ladre, même envers des voleurs.

Un calculateur se mettait à calculer sur chaque chose qu'on lui racontait ou qu'il voyait. Il dit : Les autres font les choses, lui les compte.

Quelques antiquaires discutaient sur une statuette antique de Jupiter, faite en terre cuite. On lui demanda son avis : Ne voyez-vous pas, dit-il, que c'est un Jupiter de Crète (ou de craie).

Un sot prétendait savoir très bien raisonner et rappelait, tous les deux mots, la logique. Il dit : Voila bien l'homme de la définition grecque, c'est-à-dire un animal logique.

Pres de mourir, il composa lui-même cette inscription, qui fut depuis gravée sur son tombeau !

CI-GIT
PHILIPPE OTTONIERI
NÉ POUR LES ACTIONS VERTUEUSES
ET POUR LA GLOIRE
IL VÉCUT OISIF ET INUTILE
ET MOURUT SANS RENOMMÉE
MAIS CONNAISSANT LA NATURE
ET SA PROPRE
FORTUNE

XVI

Dialogue de Christophe Colomb et de Pierre Guttierrez.

COLOMB.

Une belle nuit, mon ami.

GUTTIERREZ.

Oui, très belle, et je crois que, vue de terre, elle serait plus belle encore.

COLOMB.

Fort bien; toi aussi, tu es fatigué de naviguer.

GUTTIERREZ.

Non pas de naviguer en général, mais cette navigation me paraît plus longue que je n'aurais cru et me donne un peu d'ennui. Cependant, tu n'as pas à penser que je me plaigne de toi, comme font les autres. Tiens même pour certain qu'en toutes les résolutions que tu prendras au sujet de ce voyage, je te seconderai toujours, comme par le passé, de tout mon pouvoir. Mais, puisque nous causons, je voudrais que tu me déclarasses nettement et en toute sincérité si tu es aussi sûr qu'au commencement de trouver un pays dans cette partie du monde, ou si, après un si long temps et tant d'expériences contraires, tu ne commences pas à concevoir quelques doutes.

COLOMB.

A parler franchement et comme on peut le faire avec une personne amie et discrète, j'avoue que quelques doutes me sont venus, d'autant plus que, dans le cours du voyage, quelques signes, qui m'avaient donné de grandes espérances, n'ont été suivis d'aucun effet : par exemple, ces oiseaux qui passèrent au-dessus de nos têtes, venant du couchant, peu de jours après notre départ de Gomera, et qui me parurent annoncer une terre voisine. De même, j'ai vu que, de jour en jour, l'effet ne correspondait plus à certains pronostics et à certaines conjectures que j'avais faits, avant de prendre la mer, sur différentes choses qui, je le croyais, devaient nous arriver en route. Aussi, me dis-je, que si tous ces pronostics m'ont trompé, bien qu'ils

me parussent certains, il se pourrait bien qu'il n'y
eût pas plus de vérité dans ma conjecture princi-
pale, d'après laquelle je dois trouver une terre au-
delà de l'Océan. Il est vrai qu'elle a de tels fondements que, si elle était fausse, il me semblerait
qu'on ne peut avoir foi dans aucun jugement humain, à moins qu'il ne s'agisse de ce qu'on voit
ou de ce que l'on touche présentement. Mais,
d'autre part, je considère que la réalité diffère souvent, le plus souvent même, de la spéculation, et
je me dis en moi-même : Comment peux-tu savoir
si chaque partie du monde ressemble aux autres
de telle sorte que, l'hémisphère d'Orient étant
moitié terre, moitié eau, il s'en suive que celui
d'Occident doit être aussi distribué de même ? Comment sais-tu s'il n'est pas tout entier occupé par
une mer unique et immense ? Ou, si au lieu de
terre, ou de terre et d'eau, il ne contient pas quelqu'autre élément ? Et, supposé qu'il contienne des
terres et des mers, comme l'autre, ne pourrait-il
pas se trouver qu'il fût inhabité, ou même inhabi-
table ? Mettons qu'il n'est pas moins habité que le
nôtre ; quelle certitude as-tu qu'il s'y trouve des
créatures raisonnables, comme chez nous ? Et,
quand il y en aurait, es-tu sûr que ce soient des
hommes et non pas quelques autres genres d'animaux intelligents ? ou, si ce sont des hommes,
qu'ils ne soient pas très différents de ceux que tu
connais, par exemple, beaucoup plus grands de

corps, plus gaillards, plus adroits, doués naturellement de beaucoup plus de talent et d'esprit, et aussi plus civilisés et riches de plus de sciences et de plus d'arts? Voilà ce que je pense à part moi. Et, en effet, telle est la puissance que montre la nature, telle est la variété et la multiplicité de ses effets qu'on ne peut porter un jugement certain sur ce qui est ou a été fait par elle dans les régions éloignées et inconnues à nôtre monde. On peut même se demander si ce n'est pas se tromper que de juger ces régions-là par les nôtres, et s'il est contraire à la vraisemblance d'imaginer que les choses du monde inconnu sont, en totalité ou en partie, merveilleuses et étranges pour nous. Voici que nous voyons de nos yeux que dans ces mers l'aiguille décline sensiblement vers le couchant, chose très nouvelle et inouie pour tous les navigateurs; j'ai beau m'ingénier, je ne puis en trouver une raison qui me contente. Je ne dis pas qu'il faille prêter l'oreille aux fables des anciens, relatives aux merveilles du monde inconnu et de cet Océan-ci : par exemple, à ce que dit Hannon de certains pays remplis la nuit de flammes et de torrents de feu qui venaient se déverser dans la mer, car nous voyons combien, jusqu'à ce jour, ont été vaines les craintes de nos gens au sujet de merveilles et de nouveautés terribles, comme lorsque, en voyant cette quantité d'algues, qui faisaient de la mer comme un pré et nous empêchaient parfois d'avancer, ils crurent être aux derniers confins de la mer navigable. Mais je veux seulement répondre à ta question : Eh bien ! quoique ma conjecture soit fondée sur des arguments tres probables, non seulement à mon avis, mais encore à celui de beaucoup de géographes, d'astronomes et de navigateurs excellents, avec qui, tu le sais, j'en ai conféré en Espagne, en Italie et en Portugal; néanmoins, il pourrait arriver que je me sois trompé, car, je le répète, nous voyons que beaucoup de conclusions tirées d'excellents raisonnements, ne correspondent pas à l'expérience, et cela se produit quand ces conclusions se rapportent à des choses sur lesquelles on a très peu de lumieres.

GUTTIERREZ.

De sorte que, en substance, tu as exposé ta vie et celle de tes compagnons sur le fondement d'une simple opinion spéculative.

COLOMB.

C'est vrai; je ne puis le nier. Je ne te rappellerai pas que les hommes se mettent tous les jours en danger de mort sur des conjectures infiniment moins sûres et pour des choses insignifiantes, ou même sans y penser. Mais réfléchis un peu : si maintenant, toi et moi, ainsi que tous nos compagnons, nous n'étions pas sur ce navire, au milieu de cette mer, dans cette solitude inconnue, en quelle autre condition nous trouverions-nous être? à quoi serions-nous occupés? comment passerions-nous ces jours-ci ? Plus joyeusement, diras-tu ? Mais ne serions-nous pas plutôt dans de plus grandes peines et de plus grandes inquiétudes, ou bien plongés dans l'ennui? Que veut-on dire par un état exempt d'incertitudes et de dangers ? si c'est un état joyeux et heureux, il est préférable à tout autre ; mais s'il est ennuyeux et misérable, je ne vois pas à quel état il n'est pas inférieur. Je ne te parle pas de la gloire et du profit que nous retirerons de notre entreprise, si elle se termine conformément à notre espoir. Notre navigation me semble très profitable, quand elle ne nous donnerait pas d'autre fruit que de nous tenir pendant quelque temps libres d'ennui, de nous faire aimer la vie, de nous rendre agréable ce dont autrement nous ne nous soucierions pas. Les anciens racontent, comme tu l'auras lu ou entendu dire, que les amants malheureux qui se jetaient du rocher de Santa Maura (on l'appelait alors Leucade) et qui se tiraient de cette chute, étaient, par la grâce d'Apollon, délivrés de leur passion amoureuse. Je ne sais pas si on doit croire qu'ils obtinssent cet effet, mais je sais bien qu'au sortir de ce danger, ils devaient pendant quelque temps, même sans la faveur d'Apollon, aimer cette vie qu'ils avaient d'abord en haine, ou du moins en faire plus de cas. Chaque navigation est, à mon avis, comme un saut de Leucade ; elle rend le même service, mais plus durable qu'après cette chute : aussi lui est-elle supérieure pour ce motif. On croit communément que les hommes de terre et de mer, qui sont à chaque instant en danger de mourir, estiment moins leur propre vie que les autres hommes n'estiment la leur. Mais moi, pour le même motif, je crois que peu de personnes aiment et prisent autant la vie que les navigateurs et les soldats. Que de biens dont on n'a cure, quand on les possède, et que de choses auxquelles on ne donne même pas le nom de biens, qui paraissent chères et précieuses aux navigateurs, seulement parce qu'ils en sont privés ! Qui mit jamais au nombre des biens humains de fouler un peu de terre ? Personne, si ce n'est les navigateurs, et surtout nous qui, dans l'incertitude du succès de notre voyage, n'avons pas un plus grand désir que d'apercevoir un petit bout de terre : c'est notre première pensée en nous éveillant, notre dernière en nous endormant et, si jamais nous découvrons au loin la cime d'une montagne ou d'une forêt, nous ne nous tiendrons plus de joie, et une fois à terre, rien qu'en pensant que nous nous retrouvons sur le sol et que nous pouvons aller çà et là à notre gré, il nous semblera être heureux pour plusieurs jours.

GUTTIERREZ.

Tout cela est très vrai, et si ta conjecture spéculative se trouve aussi vraie que ta justification de l'avoir suivie, nous ne pourrons manquer de jouir de ce bonheur un jour ou l'autre.

COLOMB.

Pour moi, bien que je n'ose plus me le permettre assurément, j'espère cependant que nous sommes près d'en jouir. Depuis quelques jours, tu le sais, la sonde touche fond et la qualité des matières qu'elle ramène me semble d'un bon augure. Vers le soir, les nuages qui entourent le soleil me paraissent d'autre forme et d'autre couleur que les jours précédents. L'air, comme tu peux le sentir, devient un peu plus doux et un peu plus tiède qu'auparavant. Le vent ne vient plus, comme par le passé, aussi plein, aussi droit, aussi constant; il est plutôt incertain, variable et comme interrompu par quelque obstacle. Ajoute ce roseau qui flottait sur la mer à fleur d'eau et qui paraissait coupé depuis peu, et cette petite branche d'arbre avec ses baies rouges et fraîches, et les troupes d'oiseaux, bien qu'elles m'aient déjà trompé une fois, sont cependant si nombreuses; elles se multiplient tellement, qu'il faut bien qu'il y ait quelque raison à cela, surtout comme on y voit mêlés quelques oiseaux qui, à leur forme, ne me semblent pas être des oiseaux de mer. En somme, tous ces indices réunis, si défiant que je veuille être, me tiennent dans une grande et heureuse attente.

GUTIERREZ.

Dieu veuille que cette attente se vérifie cette fois.

XVII

Éloge des oiseaux.

Amelio, philosophe solitaire, était, un matin de printemps, assis, avec ses livres, à l'ombre d'une de ses villas, et lisait. Ému du chant des oiseaux dans la campagne, peu à peu il se prit à écouter et à penser, et laissa là sa lecture. Enfin il mit la main à la plume et, dans ce même lieu, il écrivit les choses qui suivent.

Les oiseaux sont naturellement les plus joyeuses créatures du monde. Je ne dis pas cela en tant que, si on les voit ou on les entend, ils nous réjouissent toujours : je parle des oiseaux en eux-mêmes et je veux dire qu'ils éprouvent de l'agrément et de la joie plus qu'aucun autre animal. Les autres animaux se montrent communément sérieux et graves, et même beaucoup d'entre eux paraissent mélancoliques : rarement ils font des signes de joie, et encore ces signes sont-ils faibles et passagers ; dans la plupart de leurs jouissances et de leurs plaisirs, ils ne font pas fête et ne manifestent aucune allégresse. Quant aux campagnes vertes, aux vues étendues et belles, aux soleils splendides, aux cieux cristallins et doux, s'ils en sont charmés, ils n'ont pas coutume d'en donner des marques extérieures : sauf les lièvres, dont on dit que la nuit, au moment de la lune, et surtout de la pleine lune, ils sautent et jouent ensemble, réjouis de cette clarté, à en croire ce que dit Xénophon. Les oiseaux, la plupart du temps, font paraître une grande joie dans leurs mouvements et dans leur extérieur : et cette vertu qu'ils ont de nous égayer par leur vue ne procède pas d'autre chose que de ce que leurs formes et leurs manières, en général, sont telles qu'elles dénotent une aptitude naturelle, une disposition spéciale à éprouver du plaisir et de la joie : et il ne faut pas tenir cette apparence pour vaine et trompeuse. A chaque satisfaction, à chaque contentement qu'ils ont, ils chantent : et plus grandit leur satisfaction ou leur contentement, plus ils mettent de force et de zèle dans leur chant. Et comme ils chantent une bonne partie du temps, il suit de là qu'ordinairement ils sont en belle humeur et en jouissance. Et s'il est bien connu que tant qu'ils sont en amour, ils chantent mieux, plus souvent et plus longtemps que jamais, il ne faut pas croire cependant qu'ils ne soient pas portés à chanter par des plaisirs et des contentements autres que ceux de l'amour. En effet, on voit clairement qu'en un jour serein et tranquille ils chantent plus qu'en un jour obscur et inquiet : et dans la tempête ils se taisent, comme ils font aussi dans chaque crainte qu'ils éprouvent : la tempête passée, ils reviennent dehors, chantant et badinant entre eux. Semblablement, on voit qu'ils ont coutume de chanter le matin, en s'éveillant : ils y sont excités, moitié par la joie que leur cause le jour nouveau, moitié par ce plaisir qu'éprouve généralement tout animal à se sentir restauré et refait par le sommeil. Ils se réjouissent aussi extrêmement des verdures joyeuses, des vallées fertiles, des eaux pures et brillantes et de la beauté du pays. En ces choses il est a noter que ce qui nous paraît agréable et joli, le leur paraît aussi : on le voit par les séductions qui les attirent vers les filets ou vers la glu, dans les pieges qu'on leur tend. On le voit aussi par la nature des lieux où, d'ordinaire, à la campagne, se trouvent le plus grand nombre d'oiseaux, chantant avec le plus d'assiduité et d'ardeur. Au contraire, les autres animaux, si ce n'est peut-être ceux qui sont domestiques et habitués à vivre avec les hommes, ne portent aucun ou presque aucun le même jugement que nous portons sur l'agrément et la beauté des lieux. Et il ne faut pas s'en étonner : car ils ne sont charmés que de ce qui est naturel. Or, en ces choses, une grande partie de ce que nous appelons naturel, ne l'est pas : beaucoup d'entre elles sont plutôt artificielles : par exemple, les champs cultivés, les arbres et les autres plantes arrangées et disposées en ordre, les fleuves renfermés dans certaines limites et redressés pour un certain cours, et les choses semblables, ne sont ni dans l'état ni dans l'apparence qu'ils auraient naturellement. De sorte que l'aspect de tout pays habité par n'importe quelle génération d'hommes civilisés, même en laissant de côté les villes et les autres lieux où les hommes se retirent pour être ensemble, est chose artificielle et bien différente de ce qu'elle serait naturellement. Quelques-uns disent, et cela confirmerait notre propos, que la voix des oiseaux est plus noble et plus douce et leur chant plus modulé dans nos régions que dans celles où les hommes sont sauvages et grossiers; et ils concluent que les oiseaux, même étant libres, prennent quelque chose de la civilisation de ces hommes aux demeures desquels ils sont habitués.

Qu'ils disent vrai ou non, ce fut à coup sûr une notable prévoyance de la nature d'accorder à une même espèce d'animaux le chant et le vol, de manière que ceux qui avaient à récréer les autres vivants avec leur voix fussent d'ordinaire dans des lieux élevés d'où cette voix pût se répandre à l'entour dans un espace plus grand et parvenir à un plus grand nombre d'auditeurs ; et de manière que l'air, qui est l'élément destiné au son, fût peuplé de créatures chantantes et musiciennes. En vérité, c'est un grand encouragement et un plaisir, non moins, à ce qu'il me semble, pour les autres animaux que pour nous, d'entendre le chant des oiseaux. Et cela vient principalement, je crois, non de la suavité des sons, si grande qu'elle soit, ni de leur variété, ni de leur concert, mais de cette marque d'allégresse qui est contenue naturellement dans le chant en général et dans le chant des oiseaux en particulier. C'est, pour ainsi parler, un rire que l'oiseau fait, quand il se sent dans un état de bien-être et d'agrément.

Aussi pourrait-on dire en quelque façon que les oiseaux participent du privilège que l'homme a de rire et que n'ont pas les autres animaux, et quelques-uns ont pensé que, si on a défini l'homme un animal intelligent et raisonnable, il serait suffisant de le définir un animal qui rit : il leur semblait que le rire n'était pas moins propre et particulier à l'homme que la raison. C'est assurément une chose merveilleuse que l'homme, qui de toutes les créatures est la plus tourmentée et la plus malheureuse, possède la faculté de rire, étrangère à tout autre animal. Merveilleux aussi est l'usage que nous faisons de cette faculté : car on voit beaucoup d'hommes en quelque cruelle disgrâce, d'autres en grande tristesse d'âme, d'autres qui pour ainsi dire ne conservent aucun amour de la vie, certains de la vanité de tout bien humain, presque incapables de toute joie et privés de toute espérance, et ces hommes rient néanmoins. Bien plus, mieux ils connaissent la vanité des susdits biens et la misère de la vie, moins ils espèrent et même moins ils sont aptes à jouir, plus ces hommes singuliers sont d'ordinaire enclins au rire. La nature du rire en général, ses intimes principes et ses modes, du moins au point de vue moral, il serait difficile d'en donner une définition et une explication : à moins peut-être de dire que le rire est une sorte de folie qui ne dure pas, ou un égarement et un délire. Car les hommes, n'étant jamais satisfaits ni charmés véritablement par aucune chose, ne peuvent avoir un motif de rire qui soit raisonnable et juste. Même il serait curieux de chercher pourquoi et à quelle occasion il est vraisemblable que l'homme fut appelé pour la première fois à employer et à connaître cette sienne faculté. Il n'est pas douteux que, dans l'état primitif et sauvage, il se montre le plus souvent sérieux, comme font les autres animaux, et même d'apparence mélancolique. Aussi mon opinion est-elle que le rire, non seulement apparut au monde après les larmes (et, cela, on ne peut aucunement le contester), mais qu'il se passa un long espace de temps avant qu'on en fît l'expérience et qu'on le vît pour la première fois. En ce temps-là, la mère n'aurait pas souri à son enfant, et l'enfant ne l'aurait pas reconnu par son sourire, comme dit Virgile. Si aujourd'hui, du moins là où l'on est civilisé, les hommes commencent à rire peu après leur naissance, ils le font principalement en vertu de l'exemple, parce qu'ils voient rire les autres. Et je croirais volontiers que la première occasion et la première cause de rire, ç'a été, pour les hommes, l'ivresse : autre effet propre et particulier au genre humain. L'ivresse se produisit longtemps avant que les hommes en fussent venus à aucune sorte de civilisation, car nous savons qu'on ne trouve presqu'aucun peuple, si grossier qu'il soit, qui ne se soit procuré quelque boisson pour s'enivrer, et qui n'ait l'habitude d'en user avec passion. Il ne faut pas s'en étonner : considérons que les hommes, s'ils sont les plus malheureux de tous les animaux, sont aussi les plus charmés par toute aliénation non douloureuse de leur esprit, par l'oubli d'eux-mêmes, par la suspension, pour ainsi dire, de la vie : le sentiment et la connaissance de leurs propres maux s'interrompent ou se diminuent pour quelque temps, et c'est pour eux un grand bienfait. Et pour ce qui est du rire, on voit que les sauvages, quoique d'aspect sérieux et triste dans les autres moments, cependant rient à profusion dans l'ivresse : ils parlent aussi beaucoup et chantent, contre leur usage. Mais je traiterai ces choses plus abondamment dans une histoire du rire que j'ai l'intention de faire : là, quand j'aurai cherché la naissance du rire, je continuerai en racontant ses faits, aventures et fortunes jusqu'au temps présent, où il se trouve en plus grande dignité et en plus grand état qu'il n'a jamais été : il tient dans les nations civilisées une place et il remplit un office qui suppléent au rôle joué en d'autres temps par la vertu, la justice, l'honneur, etc. Or, pour conclure au sujet du chant des oiseaux, je dis que si l'on est réconforté ou réjoui à voir ou à deviner en autrui une joie dont on n'ait pas à être jaloux, la nature a montré une très louable prévoyance en faisant que le chant des oiseaux, qui est une démonstration d'allégresse et une espèce de rire, fût publique, tandis que le chant et le rire des hommes, eu égard au reste de la terre, sont chose privée : et elle pourvut sagement à ce que la terre et l'air fussent semés d'animaux qui, tout le jour, par leurs chants de joie sonores et solennels, applaudissent, pour ainsi dire, à la vie universelle, et excitassent les autres vivants à l'allégresse, en donnant des témoignages continuels, bien que faux, de la félicité des choses.

Et si les oiseaux sont et se montrent plus joyeux que les autres animaux, ce n'est pas sans de sérieux motifs. Car vraiment, comme je l'ai indiqué au commencement, ils sont, de nature, mieux faits pour jouir et pour être heureux. Premièrement, il ne semble pas qu'ils soient sujets à l'ennui. Ils changent de lieu à chaque instant ; ils passent d'un pays dans un autre, aussi éloigné qu'on voudra, et des plus basses aux plus hautes régions de l'air, en peu de temps et avec une facilité merveilleuse ; ils voient et éprouvent dans leur vie une infinie diversité de choses; ils exercent continuellement leur corps; la vie extérieure abonde chez eux outre mesure. Tous les autres animaux, dès qu'ils ont pourvu à leurs besoins, aiment à se tenir tranquilles et oisifs; aucun, si ce n'est les poissons, et aussi quelques insectes volatiles, ne va courir au loin par seul passe-temps. Ainsi, l'homme des bois a coutume de faire à peine un pas, si ce n'est pour subvenir au jour le jour à ses nécessités, lesquelles demandent une peine bien petite et bien courte, ou à moins qu'il ne soit chassé par la tempête, par une bête sauvage ou par quelque autre cause semblable : il se plait surtout au repos et à l'insouciance; il passe les jours presque entiers assis négligemment et en silence dans sa cabane informe, ou au dehors, ou dans les crevasses et les cavernes des roches et des pierres. Les oiseaux, au contraire, restent très peu de temps en un même lieu; ils vont et viennent continuellement sans nécessité aucune; ils ont coutume de voler par amusement, et souvent, étant allés par divertissement à plusieurs centaines de milles du pays où ils ont coutume de séjourner, le même jour, sur le soir, ils y retournent. Et dans le faible instant où ils se posent en un lieu, on ne les voit jamais se tenir le corps immobile; toujours ils se tournent de côté et d'autre, toujours ils se remuent, se penchent, s'étirent, se secouent, se démènent avec cette vivacité, cette agilité, cette prestesse de mouvements indicibles. En somme, depuis que l'oiseau est sorti de l'œuf jusqu'à sa mort, sauf les intervalles du sommeil, il ne se pose pas un instant. Ces considérations sembleraient permettre d'affirmer que l'état naturel et ordinaire des autres animaux, y compris même les hommes, c'est le repos, et que celui des oiseaux, c'est le mouvement.

A ces qualités et ces conditions extérieures correspondent chez eux les qualités intrinsèques, c'est-à-dire de l'âme, par lesquelles ils sont aussi plus aptes à la félicité que les autres animaux. Ils ont l'ouïe très aigue et la vue si puissante et si parfaite, qu'à peine notre esprit peut s'en faire une idée exacte ; ils jouissent ainsi, tout le jour, de spectacles immenses et très variés, et d'en haut, ils découvrent en même temps de tels espaces de terre et, d'un coup d'œil, voient distinctement tant de pays que, même avec leur esprit, les hommes peuvent à peine en embrasser autant en une fois : il suit de là qu'ils doivent avoir au plus haut point la force, la vivacité et l'usage de l'imagination. Je ne parle pas de cette imagination profonde, ardente et orageuse, comme celle de Dante et du Tasse, don funeste, cause d'inquiétudes et d'angoisses lourdes et perpétuelles ; mais de cette imagination riche, variée, légère, instable et enfantine, qui est une large source de pensées agréables et joyeuses, d'erreurs douces, de plaisirs et de soulagements variés, qui est le don le plus grand et le plus profitable dont la nature puisse gratifier une âme vivante. De sorte que les oiseaux ont en abondance ce qui, dans l'imagination, est bon et utile à l'agrément de l'âme, sans toutefois participer à ce qui est nuisible et douloureux. Et, comme ils ont en abondance les choses de la vie extérieure, ils ont aussi les richesses de la vie intérieure; mais de telle sorte que cette abondance devient pour eux un bienfait et un plaisir, comme chez les enfants, et non pas un dommage et une misère insigne, comme la plupart du temps chez les hommes. En effet, comme l'oiseau, pour la vivacité et la mobilité extérieures, a une ressemblance manifeste avec l'enfant; de même, on peut croire raisonnablement qu'il lui ressemble pour les qualités intérieures de l'âme. Si les biens de cet âge étaient communs aux autres âges et si les maux n'étaient jamais plus grands qu'alors, peut-être l'homme aurait-il des raisons de supporter la vie patiemment.

A mon avis, la nature des oiseaux, si nous la considérons de certaine façon, dépasse en perfection celle des autres animaux. Par exemple, si nous considérons que l'oiseau l'emporte de beaucoup sur tous par la faculté de voir et d'entendre (et, selon l'ordre naturel, de cette double faculté procèdent, pour les créatures animées, les sentiments principaux), on peut en conclure que la nature de l'oiseau est chose plus parfaite que celle des autres créatures animées. De plus, les autres animaux, d'après ce que nous avons écrit plus haut, sont naturellement enclins au repos, et les oiseaux au mouvement ; or, le mouvement est chose plus vivante que le repos, ou plutôt, la vie consiste dans le mouvement, et les oiseaux sont doués du mouvement extérieur plus qu'aucun autre animal ; en outre, la vue et l'ouïe, où ils l'emportent sur tous les autres et qui sont leurs facultés maîtresses, sont les deux sens les plus particuliers aux vivants, comme ils sont aussi les plus vifs et les plus mobiles, tant en eux-mêmes que dans les manières d'être et les autres effets qui, par eux, se produisent dans l'animal à l'intérieur et à l'extérieur. Enfin, étant données les autres choses susdites, la conclusion est que l'oiseau a une plus grande abondance de vie intérieure et extérieure que les autres animaux. Or, si la vie est chose plus parfaite que son contraire, au moins dans les créatures vivantes, et si une plus grande abondance de vie est une plus grande perfection, il suit aussi de là que la nature des oiseaux est plus parfaite. A ce propos, il ne faut pas passer sous silence que les oiseaux sont également aptes à supporter l'extrémité du froid et celle du chaud, même sans intervalle, dans le passage de l'un à l'autre, car souvent nous voyons qu'en moins d'un instant ils s'élèvent de terre dans les airs, à un point très élevé, où ils sont comme dans un lieu excessivement froid, et beaucoup d'entre eux, en peu de temps, parcourent en volant différents climats.

Enfin, comme Anacréon désirait pouvoir se changer en miroir, pour être regardé continuellement par celle qu'il aimait, ou en vêtement pour la couvrir, ou en onguent pour l'oindre, ou en eau pour la laver, ou en bandelette pour qu'elle le serrât contre son sein, ou en perle pour être porté à son cou, ou en chaussure pour être du moins foulé de ses pieds; de même, je voudrais, pour quelque temps, être changé en oiseau pour éprouver ce contentement et cette joie qu'ils ont à vivre.

XVIII

Chant du coq sauvage.

Quelques maîtres et quelques écrivains hébreux affirment qu'entre le ciel et la terre, ou plutôt moitié dans l'un et moitié dans l'autre, vit un coq sauvage, dont les pieds sont posés sur la terre et dont la crête et le bec touchent le ciel. Ce coq géant, outre diverses particularités qu'on peut lire à son sujet dans les auteurs susdits, a l'usage de la raison : ou du moins il a été, comme un perroquet, instruit, je ne sais par qui, à proférer des paroles à la manière des hommes : en effet, on a trouvé sur un parchemin antique un chant écrit en lettres hébraïques et en langue à la fois chaldéenne, targumique, rabbinique, cabalistique et tamuldique. Le titre était : *Scir detarnegôl bara letzafra*, c'est-à-dire : *Chant matinal du coq sauvage*. Après beaucoup de fatigue et non sans interroger nombre de rabbins, de cabalistes, de théologiens, de jurisconsultes et de philosophes hébreux, je suis venu à bout de le comprendre et d'en faire, en langue vulgaire, la traduction qu'on va lire. Je n'ai pas encore pu décider si le coq a fait entendre ce chant de temps en temps, ou tous les matins, ou une fois seulement, ni qui l'entend ou l'a entendu, ni si c'est là la langue personnelle du coq ou si c'en est une traduction. Quant à la version que j'en donne, pour la rendre la plus fidèle possible (et j'y ai apporté tous mes efforts), il m'a paru bon d'employer la prose plutôt que les vers, quoiqu'en un sujet poétique. Les défauts d'un style heurté et parfois ampoulé ne devront pas m'être imputés : le tout est conforme au texte original, où se retrouvent les usages de la langue et surtout de la poésie orientales.

Allons, mortels, éveillez-vous. Le jour renaît : la vérité retourne sur la terre et les images vaines s'en vont. Levez-vous ; reprenez le fardeau de la vie ; revenez du monde faux dans le monde vrai.

Chacun cependant recueille et repasse dans son esprit toutes les pensées de sa vie présente. Il se rappelle ses desseins, ses études, ses affaires ; il se représente les plaisirs et les peines qui doivent lui arriver dans l'espace du jour nouveau. Et chacun est plus désireux que jamais de retrouver aussi dans son esprit des attentes joyeuses et de douces pensées. Mais ce désir est satisfait chez bien peu : pour tous, le réveil est un mal. Les yeux du malheureux sont à peine ouverts qu'il revient aux mains de son infortune. C'est une très douce chose que ce sommeil où concourent la joie et l'espérance. L'une et l'autre, jusqu'au réveil du jour suivant, se conservent entières et intactes : mais alors elles font défaut ou s'affaiblissent.

Si le sommeil des mortels était perpétuel et ne faisait qu'un avec la vie; si, sous l'astre du jour, tous les vivants languissaient sur la terre en un repos profond; si aucun acte ne se manifestait; si on n'entendait ni le mugissement des bœufs à travers les prés, ni le tumulte des bêtes fauves dans les forêts, ni le chant des oiseaux dans l'air, ni le bourdonnement des papillons ou des abeilles dans la campagne, ni aucune voix d'aucun côté, ni aucun mouvement, si ce n'est ceux des eaux, du vent et des tempêtes, certes l'univers serait inutile; mais est-ce qu'il s'y trouverait moins de félicité ou plus de misère qu'il ne s'y en trouve aujourd'hui? Je te le demande, ô soleil auteur du jour et gardien de notre veille : dans l'espace des siècles que tu marques et dont la naissance et la chute ont été consommées jusqu'ici, vis-tu une seule fois un seul des vivants qui fût heureux? Parmi les œuvres innombrables des mortels que tu as vues jusqu'ici, penses-tu qu'une seule ait atteint son but, c'est-à-dire la satisfaction, durable ou passagère, de la créature qui la produisit? Vois-tu maintenant ou as-tu vu jamais la félicité dans les limites du monde? Dans quelle plaine séjourne-t-elle, dans quel bois, dans quelle montagne, dans quelle vallée, dans quel pays habité ou désert, dans quelle planète parmi toutes celles que tes flammes éclairent et échauffent? Se dérobe-t-elle, par hasard, à ta vue, et se cache-t-elle dans le fond des grottes, dans le sein de la terre ou de la mer? Quelle chose animée, quelle plante, quel être vivifié par toi, quelle créature pourvue ou dépourvue de vertu végétative ou animale participe à la félicité? Et toi même, toi qui, comme un géant infatigable, cours rapidement, jour et nuit, sans sommeil ni repos, dans la route infinie qui t'est prescrite, es-tu heureux ou malheureux?

Mortels, réveillez-vous. Vous n'êtes pas encore délivrés de la vie. Un temps viendra où nulle force extérieure, nul mouvement intrinsèque, ne vous fera sortir de ce repos du sommeil, mais où vous vous reposerez toujours et insatiablement. Aujourd'hui, la mort ne vous est pas accordée; seulement, de temps à autre, une image de la mort vous est donnée pour quelques instants. Car la vie ne pourrait se conserver si elle n'était fréquemment interrompue. Si ce sommeil court et fragile vient à manquer trop longtemps, c'est un mal mortel en soi, c'est une cause de sommeil éternel. Telle est la vie : pour la porter, il faut par moments la déposer afin de reprendre un peu de force, et se restaurer en goûtant comme une miette de la mort.

Il semble que l'être des choses ait pour propre

et unique objet de mourir. Ce qui n'était pas ne pouvait mourir : aussi du néant sortirent les choses qui sont. Il est certain que la cause dernière de l'être n'est pas la félicité, puisque aucune chose n'est heureuse. Sans doute, les créatures animées se proposent cette fin dans chacune de leurs œuvres : mais elles ne l'obtiennent en aucune : et, dans toute leur vie, s'ingéniant, travaillant et peinant toujours, elles ne souffrent vraiment et ne se fatiguent que pour arriver au seul but de la nature, qui est la mort.

A tout prendre, le premier moment du jour est le plus supportable pour les vivants. Bien peu, en s'éveillant, trouvent dans leur esprit des pensées agréables et joyeuses ; mais presque tous s'en forgent et s'en créent à l'instant même : car les âmes à cette heure-là, même sans aucun motif spécial et déterminé, inclinent surtout à l'allégresse ou sont mieux disposées, qu'aux autres moments, à souffrir leurs maux. Tel qui était en proie au desespoir quand le sommeil survint, s'éveille et reçoit à nouveau l'espérance dans son âme, si peu justifiée que soit cette espérance. Beaucoup d'infortunes et de peines, beaucoup de causes de crainte et d'ennui, paraissent alors bien moindres qu'elles ne paraissaient la veille au soir. Souvent même on méprise les angoisses du jour précédent : pour un peu, on en rirait, comme d'un effet de vaines erreurs, de vaines imaginations. Le soir parable à la vieillesse : au contraire, le commencement du matin ressemble à la jeunesse : il est consolé, confiant ; le soir est triste, découragé, enclin à mal espérer. Mais cette jeunesse, que les mortels éprouvent chaque jour, est à l'image de la jeunesse de la vie entière : brève et fugitive ; et bientôt le jour, pour eux, se transforme en vieillesse.

La fleur des années, quoiqu'elle soit le meilleur de la vie, est pourtant chose misérable. Même ce pauvre bien manque si vite que quand la créature vivante s'aperçoit à plus d'un signe du déclin de son être, c'est à peine si elle en a éprouvé la perfection, et si elle a pu sentir et connaître pleinement ses propres forces qui déjà s'affaiblissent. Pour tout être mortel, vivre c'est, presque tout le temps, se faner. Tant, dans toute son œuvre, la nature est tournée et dirigée vers la mort ! C'est le seul motif pour lequel la vieillesse prévaut, si manifestement et si longtemps, dans la vie et dans le monde. Chaque partie de l'univers se hâte infatigablement vers la mort, avec un empressement et une célérité admirables. Seul l'univers même apparaît exempt de chutes et de défaillances : si dans l'automne et dans l'hiver il se montre comme malade et vieux, toujours cependant, à la saison nouvelle, il rajeunit. Mais comme les mortels ont beau reprendre au début de chaque jour quelque parcelle de jeunesse, ils vieillissent néanmoins tout le jour et finissent par s'éteindre : ainsi l'univers, bien qu'il rajeunisse au commencement de l'année, n'en vieillit pas moins continuellement. Un temps viendra où s'éteindront et l'univers et la nature même. Comme ces grands et merveilleux empires, si fameux en d'autres âges, dont les traces et le renom ont péri aujourd'hui, le monde entier, avec les vicissitudes et les malheurs des choses créées, disparaîtra sans laisser de vestiges : un silence nu et un repos profond empliront l'espace immense. Ainsi ce mystère étonnant et effrayant de l'existence universelle, avant d'être éclairci ou entendu, se dissipera et se perdra*.

* C'est là une conclusion poétique et non philosophique : pour le philosophe, l'existence, qui n'a jamais commencé, n'aura jamais de fin. (Note de Leopardi.)

XIX

Fragment apocryphe de Straton de Lampsaque.

Ce fragment, que, par manière de passe-temps, j'ai traduit du grec en langue vulgaire, est tiré d'un manuscrit qui se trouvait, il y a quelques années, et qui se trouve peut-être encore dans la bibliothèque des moines du mont Athos. Je l'intitule *Fragment apocryphe*, parce que, comme chacun peut le voir, les choses qu'on lit dans le chapitre sur *la Fin du monde* ne peuvent avoir été écrites qu'à une époque bien postérieure. Or Straton de Lampsaque, philosophe péripatéticien, surnommé le physicien, vécut trois cents ans avant l'ère chrétienne. Il est bien vrai que le chapitre sur *l'Origine du monde* concorde à peu près avec le peu que les écrivains antiques nous ont appris sur les opinions de ce philosophe. Et l'on pourrait croire que le premier chapitre et peut-être aussi le commencement du second sont véritablement de

Straton; le reste aurait été ajouté par quelque savant grec, mais pas avant le siecle passé. Que les lecteurs érudits en jugent.

De l'Origine du monde.

De même que les choses matérielles périssent toutes et ont une fin, de même elles eurent toutes un commencement. Mais la matière même n'eut aucun commencement, c'est-à-dire qu'elle existe, par sa propre force, de toute éternité. Si, à voir que les choses matérielles croissent, diminuent et à la fin se dissolvent, on conclut qu'elles n'existent pas par elles-mêmes de toute éternité, mais qu'elles ont eu un commencement et une origine, ne doit-on pas juger que ce qui jamais ne croît, ne diminue et ne périt, n'a jamais commencé et ne provient d'aucune cause? Assurément, si l'une de ces deux propositions était fausse, on ne pourrait pas affirmer que l'autre fût vraie. Mais, puisque nous sommes certains que celle-là est vraie, il nous faut accorder la même chose de celle-ci. Or, nous voyons que la matière ne s'accroit jamais, même de la plus petite quantité; d'autre part, il ne périt pas la moindre parcelle de la matière, de sorte que la matière même n'est pas soumise à la mort. Cependant, les diverses manières d'être de la matière, que nous voyons dans ce que nous appelons les créatures matérielles, sont caduques et passagères :

mais on ne découvre aucun signe de caducité ni de mortalité dans la matière en général, et, par suite, aucun signe qu'elle ait commencé ni qu'elle ait eu ou qu'elle ait besoin pour être d'aucune cause, d'aucune force extérieure à elle. Le monde, c'est-à-dire la manière d'être de la matière, a commencé et est chose caduque. Nous parlerons tout à l'heure de l'origine du monde.

La matière en général, comme en particulier les plantes et les créatures animées, a naturellement en elle une ou plusieurs forces qui l'agitent et la meuvent dans les sens les plus différents. Ces forces, nous pouvons les conjecturer et même les dénommer d'après leurs effets, mais non les connaître en elles-mêmes, ni en découvrir la nature. Nous ne pouvons pas davantage savoir si ces effets, qui pour nous se rapportent à une même force, procèdent réellement d'une seule force ou de plusieurs, et si au contraire ces forces, que nous désignons par différents noms, sont véritablement plusieurs forces ou seulement une même force. C'est ainsi que chaque jour, dans l'homme, on donne divers noms à une seule passion ou à une seule force : par exemple, l'ambition, l'amour du plaisir, etc., sources dont dérivent des effets, tantôt simplement divers, tantôt même contradictoires, sont en fait une même passion, c'est-à-dire l'amour de soi, qui opère différemment dans différents cas. Ces forces, ou plutôt cette force de la matière, en la mouvant, comme nous avons dit, et en l'agitant continuellement, forme avec cette matière d'innombrables créatures, c'est-à-dire la modifie de mille façons variées. Ces créatures, si on les prend dans leur ensemble, et si on les considère comme distribuées en certains genres et en certaines espèces, et comme réunies entre elles par certaines relations qui proviennent de leur nature, s'appellent le monde. Mais, comme cette force ne s'abstient jamais d'agir et de modifier la matière, les créatures qu'elle forme continuellement, elle les détruit d'autre part, et forme de nouvelles créatures avec leur matière. Tant que, malgré la destruction des individus, les genres et les espèces se maintiennent presque intégralement, tant que l'ordre et les relations naturelles des choses ne changent pas sensiblement, on dit que ce monde-ci dure encore. Mais des mondes infinis pendant l'espace infini de l'éternité, après avoir duré plus ou moins longtemps, ont fini par disparaître : les continuelles révolutions de la matière, causées par la force susdite, ont amené la perte de ces genres et de ces espèces dont ces mondes se composaient et fait disparaître ces relations et cet ordre qui les gouvernaient. Cependant, aucune parcelle de la matière n'a été détruite : ce qui a péri, c'est telle ou telle de ces manières d'être : car à chaque manière d'être succède aussitôt une autre manière d'être, c'est-à-dire un autre monde, et ainsi de suite.

De la Fin du monde.

Depuis combien de temps a duré ce monde actuel, dont font partie les hommes, c'est-à-dire une des espèces qui le composent? Il n'est pas facile de le dire, pas plus que de connaître combien de temps il doit durer encore. L'ordre qui le régit paraît immuable et passe pour tel, parce qu'il ne change que peu à peu et après un temps incompréhensible, de sorte que ses mutations sont à peine saisies, je ne dis pas par les sens de l'homme, mais par son entendement. Ce temps, si long qu'il soit, n'est qu'un instant par rapport à la durée éternelle de la matière. On voit, dans ce monde actuel, une mort continuelle des individus et une transformation continuelle des choses : mais, comme la destruction est continuellement compensée par la production et que les genres se conservent, on estime que ce monde n'a et n'aura en soi aucune cause par laquelle il puisse ou doive périr et qu'il n'offre aucun signe de caducité. Néanmoins on peut s'apercevoir du contraire, et à plus d'un indice, mais, entre autres, à celui-ci.

Nous savons que la terre, à cause de son perpétuel mouvement de rotation autour de son axe, qui fait fuir du centre les parties qui environnent l'équateur, et qui attire vers le centre celles qui environnent le pôle, nous savons, dis-je, que la terre a changé et change sans cesse de figure : elle devient chaque jour plus dense autour de l'équateur, et au contraire elle se déprime de plus en plus aux pôles. Il arrivera donc qu'au bout d'un certain temps dont la longueur, bien que mesurable en soi, ne peut être connue des hommes, la terre s'applanira des deux côtés de l'équateur, de telle sorte que, perdant sa forme sphérique, elle ressemblera à une table mince et ronde. Cette roue, à force de tourner, de s'amincir et de se dilater, finira, par la fuite de ses parties centrales, par se percer dans le milieu. Ce trou s'élargira de jour en jour, la terre deviendra comme un anneau, et, enfin, s'en ira en morceaux : ces morceaux, lancés hors de l'orbite actuelle de la terre et perdant leur mouvement circulaire, se précipiteront sur le soleil ou peut-être sur quelque planète.

N'y a-t-il pas un exemple qu'on pourrait apporter à l'appui de ce discours? Je veux parler de l'anneau de Saturne, sur la nature duquel les physiciens ne s'accordent pas. Et bien que nouvelle et inattendue, ce ne serait peut-être pas une conjecture invraisemblable, que de présumer que cet anneau était à l'origine une des petites planètes destinées à la suite de Saturne : elle se serait applanie, puis percée au milieu, par un motif semblable à celui que nous avons dit pour la terre, mais beaucoup plus vite, étant peut-être d'une matière moins dense et plus molle; ensuite, elle serait tombée de son orbite sur la planète de Saturne, qui la retient sur son centre par sa vertu attractive, comme nous le voyons. Et on pourrait croire que cet anneau, en continuant encore à tourner, comme il le fait, autour de son centre, qui est aussi celui du globe de Saturne, s'amincit et se dilate de plus en plus et que l'intervalle qui le sépare de ce globe s'accroît toujours : mais cela se produit trop longtemps au gré de qui voudrait que de tels changements, surtout à une telle distance, ussent remarqués et connus des hommes. Cela soit dit, sérieusement ou par plaisanterie, au sujet de l'anneau de Saturne.

Or ce changement qui, nous le savons, est survenu et survient chaque jour dans la forme de la terre, il n'est pas douteux que les mêmes causes ne le produisent également dans chacune des planètes, quoique dans toutes les planètes cela ne nous soit pas aussi manifeste que dans celle de Jupiter. On peut l'affirmer non seulement de celles qui, à la ressemblance de la terre, tournent autour du soleil, mais aussi, et sans aucune incertitude, de celle qui, d'après tous les raisonnements, doivent se trouver autour de chaque étoile. Comme nous l'avons dit de la terre, toutes les planètes, après un certain temps, réduites par elles-mêmes en morceaux, se précipiteront, les unes sur le soleil, les autres sur leurs étoiles. Ces flammes détruiront jusque dans leurs germes, je ne dis pas un certain nombre d'individus, mais absolument tous les genres et toutes les espèces que contiennent maintenant la terre et les planètes. Voilà peut-être, ou à peu près, ce qui fut dans l'esprit de ces philosophes, tant grecs que barbares, qui affirmèrent que ce monde était destiné à périr par le feu. Mais comme nous voyons que le soleil même tourne autour de son axe et qu'on doit croire la même chose des étoiles, il s'en suit que le soleil et les étoiles doivent, dans le cours du temps, se dissoudre non moins que les planètes, et que les flammes se disperseront dans l'espace. Ainsi, le mouvement circulaire des sphères du monde, cet élément principal de l'ordre actuel de la nature, qui est comme le principe et la source de la conservation de cet univers, sera d'autre part la cause de la destruction de cet univers et de cet ordre.

Si les planètes, la terre, le soleil et les étoiles doivent périr, il n'en sera pas de même de leur matière. Il se formera de nouvelles créatures, divisées en de nouveaux genres et en de nouvelles espèces, et il naîtra, par les forces éternelles de la matière, un nouvel ordre des choses et un nouveau monde. Quant aux qualités de ce monde-là, comme aussi des autres mondes innombrables qui furent et seront, nous ne pouvons même pas les conjecturer.

XX

Dialogue de Timandre et d'Eléandre.

TIMANDRE.

Je veux, ou plutôt je dois vous parler franchement : le fond et l'intention de vos écrits et de vos paroles me paraissent fort blâmables.

ÉLÉANDRE.

Pourvu que mes actions ne vous paraissent point telles, je n'en ai guère de souci : es paroles et les écrits importent peu.

TIMANDRE.

Pour vos actions, je n'y trouve pas à reprendre. Je sais que vous ne faites pas de bien aux autres, parce que vous ne le pouvez, et je vois que vous ne leur faites pas de mal, parce que vous ne le voulez. Mais pour vos paroles et vos écrits, je les crois très répréhensibles; et je ne vous accorde point qu'aujourd'hui ces choses importent peu, parce que notre vie présente ne consiste pas, on peut le dire, en autre chose. Laissons pour le moment les paroles et parlons des écrits. Ce blâme et ce rire continuels au sujet de l'espèce humaine sont d'abord hors de mode.

ÉLÉANDRE.

Ma cervelle aussi est hors de mode. Et il n'est pas nouveau que les fils soient semblables à leur père.

TIMANDRE.

Il ne sera pas non plus nouveau que vos livres, comme toute chose contraire à l'usage courant, aient une mauvaise fortune.

ÉLÉANDRE.

Petit malheur! ils n'iront pas pour cela mendier leur pain aux portes.

TIMANDRE.

Il y a quarante ou cinquante ans, les philosophes avaient coutume de murmurer contre l'espèce humaine, mais aujourd'hui ils font le contraire.

ÉLÉANDRE.

Croyez-vous qu'il y a quarante ou cinquante ans les philosophes aient eu tort de murmurer contre le genre humain, ou raison?

TIMANDRE.

Plutôt raison que tort.

ÉLÉANDRE.

Croyez-vous que pendant ces quarante ou cinquante ans le genre humain soit devenu le contraire de ce qu'il était ?

TIMANDRE.

Je ne le crois pas ; mais cela n'a point de rapport avec notre proposition.

ÉLÉANDRE.

Pourquoi, point de rapport ? Peut-être a-t-il crû en puissance ou en perfection, au point que les écrivains d'aujourd'hui soient contraints de le flatter ou tenus de le révérer ?

TIMANDRE.

Ce sont des plaisanteries dans un sujet grave.

ÉLÉANDRE.

Revenons donc au sérieux. Je n'ignore pas que les hommes de ce siècle, en faisant du mal à leurs semblables selon l'usage antique, se sont néanmoins mis à en dire du bien, au contraire du siècle précédent. Mais moi, qui ne fais du mal ni à mes semblables, ni à mes non-semblables, je ne crois pas être obligé de dire du bien d'autrui contre ma conscience.

TIMANDRE.

Vous êtes cependant obligé, comme tous les autres hommes, de chercher à être utile à votre espèce.

ÉLÉANDRE.

Si mon espèce cherche à me faire le contraire, je ne vois pas comment m'incombe cette obligation que vous dites. Mais supposons qu'elle m'incombe. Que dois-je faire, si je ne puis la remplir?

TIMANDRE.

Vous ne le pouvez, ni vous, ni beaucoup d'autres, par les actions; mais vous pouvez et vous devez le faire par vos écrits. Et l'on n'est pas utile avec des livres qui mordent continuellement l'homme en général; ou plutôt on nuit extrêmement.

ÉLÉANDRE.

J'admets qu'on n'est pas utile, et j'estime qu'on ne nuit pas. Mais croyez-vous que les livres puissent être utiles au genre humain?

TIMANDRE.

Non seulement je le crois, mais tout le monde le croit.

ELÉANDRE.

Quel livres?

TIMANDRE.

De plusieurs sortes; mais spécialement de morale.

ELEANDRE.

Cela n'est pas cru de tout le monde, puisque moi je ne le crois pas, comme répondit une femme à Socrate. Si quelque livre de morale pouvait être utile, je pense que ce seraient surtout les livres poétiques. Je dis poétiques en prenant ce mot dans un sens large, c'est-à-dire les livres destinés à émouvoir l'imagination, en prose ou en vers. Or je fais peu de cas d'une poésie qui, lue et méditée, ne laisse pas dans l'âme du lecteur un sentiment assez noble pour l'empêcher d'avoir pendant une demi-heure une pensée vile ou de faire une action indigne. Mais si le lecteur manque de parole à son meilleur ami une heure après la lecture, je ne méprise pas pour cela cette poésie, parce qu'autrement il me faudrait mépriser les plus belles, les plus chaudes et les plus nobles poésies du monde. Et je fais une exception pour les lecteurs qui vivent dans une grande ville; même s'ils lisent attentivement, ils ne peuvent tirer d'aucune sorte de poésie ni cette utilité d'une demi-heure, ni beaucoup de plaisir ou d'émotion.

TIMANDRE.

Vous parlez, à votre ordinaire, malignement, et de manière à donner à entendre que vous êtes d'habitude fort maltraité par autrui; car telle est la plupart du temps la cause de la mauvaise humeur et du mépris que quelques-uns font profession de ressentir à l'égard de leur propre espèce.

ÉLÉANDRE.

Vraiment je ne dis pas que les hommes m'aient traité ni me traitent fort bien; en disant cela, je me poserais en exemple unique. Mais ils ne m'ont pas non plus fait grand mal; parce que, ne désirant rien ni d'eux ni en concurrence avec eux, je ne me suis guère exposé à leurs offenses. Je vous le dis et je vous l'affirme; tel que je me connais et que je me vois fort clairement, c'est-à-dire ignorant la moindre partie de ce qu'il faut faire pour se rendre agréable aux hommes, impropre autant qu'on peut le dire au commerce d'autrui et même à la vie, soit par la faute de ma nature soit par la mienne, si avec cela les hommes me traitaient mieux qu'ils ne le font, je les estimerais moins que je ne les estime.

TIMANDRE.

Vous n'en êtes que plus condamnable; car la haine et le désir de se venger des hommes, si vous aviez été insulté à tort, auraient quelque excuse. Mais votre haine, comme vous le dites, n'a aucune cause particulière; si ce n'est peut-être une ambition insolite et misérable d'acquérir une réputation de misanthropie, comme Timon; désir abominable en soi et singulièrement étranger à ce siècle qui est adonné avant tout à la philosophie.

ÉLÉANDRE.

Pour l'ambition, je n'ai pas à vous répondre; car je vous ai déjà dit que je ne désire rien des hommes. Et si cela, quoique vrai, ne vous paraît pas croyable, vous devez croire au moins que ce n'est pas l'ambition qui me pousse à écrire des choses qui, de votre propre aveu, attirent du blâme et non de la gloire à celui qui les écrit. Quant à cette haine pour le genre humain, j'en suis tellement éloigné que non seulement je ne veux, mais encore je ne puis haïr ceux qui m'offensent particulièrement; je suis de tout point impropre et impénétrable à la haine, ce qui entre pour beaucoup dans mon incapacité à vivre dans le monde. Mais je ne me puis corriger; parce que je pense toujours que, communément, quiconque se persuade, en déplaisant ou en nuisant à qui que ce soit, qu'il se fait du bien ou du plaisir à lui-même, se décide à offenser autrui, non pour lui faire du mal (car telle n'est jamais la fin d'aucun acte ni d'aucune pensée possible), mais pour se faire du bien à lui-même ; désir naturel et qui ne mérite pas de haine. En outre, à chaque vice ou à chaque faute que je vois en autrui, avant de m'en indigner, je me mets à m'examiner moi-même, je suppose en moi les antécédents et les circonstances voulues, et, comme je me trouve toujours souillé ou coupable des mêmes défauts, je n'ai pas le courage de m'irriter. Je réserve toujours ma colère pour le cas où je verrais une méchante action qui ne pourrait trouver place dans ma nature : mais jusqu'à présent je n'ai pu en voir aucune. Finalement, l'idée de la vanité des choses humaines me remplit l'âme de telle sorte, que je ne me puis résoudre à me gendarmer pour aucune d'elles ; la haine et la colère me paraissent des passions grandes et fortes qui ne conviennent pas à la petitesse de la vie. Vous voyez qu'il y a loin de l'âme de Timon à la mienne. Timon, haïssant et fuyant tous les autres, aimait et caressait le jeune Alcibiade, comme la cause future de beaucoup de malheurs pour leur patrie commune. Moi, sans le haïr, je l'aurais fui plus que les autres ; j'aurais averti mes concitoyens du péril et je les aurais encouragés à s'en préserver. Quelques-uns disent que Timon ne haïssait pas les hommes, mais les bêtes féroces à figure humaine. Moi, je ne hais ni les hommes ni les bêtes.

TIMANDRE.

Mais aussi vous n'aimez personne.

ÉLÉANDRE.

Écoutez, mon ami. Je suis né pour aimer, j'ai aimé, et peut-être avec autant de passion qu'il en peut jamais entrer dans une âme vivante. Aujourd'hui, bien que je ne sois encore, comme vous le voyez, ni dans l'âge naturellement froid, ni même dans l'âge de la tiédeur, je n'ai point de honte à dire que je n'aime personne, hors moi-même, par nécessité de nature et le moins qu'il m'est possible. Avec tout cela, je me décide promptement à souffrir moi-même, plutôt que d'être une cause de souffrance pour autrui. Je crois que, pour peu que vous connaissiez ma conduite, vous pouvez me rendre ce témoignage.

TIMANDRE.

Je ne le nie pas.

ÉLÉANDRE.

De manière que je ne laisse pas de procurer aux hommes pour ma part, en sacrifiant mon intérêt personnel, le plus grand ou plutôt le seul bien qu'ils peuvent désirer de moi, c'est-à-dire de ne pas souffrir.

TIMANDRE.

Mais avouez-vous formellement ne pas aimer le genre humain en général?

ÉLÉANDRE.

Oui, formellement. Mais de même que, si cela me regardait, je ferais punir les coupables, bien que je ne les haïsse pas; de même, si je pouvais, je ferais le plus grand bien à mon espèce, bien que je ne l'aime pas.

TIMANDRE.

Bien, je le crois. Mais enfin si vous n'êtes poussé ni par les injures reçues, ni par la haine, ni par l'ambition, quelle chose vous pousse à écrire de la sorte?

ÉLÉANDRE.

Diverses choses. D'abord, je ne puis tolérer la feinte et la dissimulation; je m'y plie parfois dans mes paroles, mais dans mes écrits jamais; parce que, si je parle souvent par nécessité, en revanche je ne suis jamais contraint d'écrire, et quand j'aurais à dire ce que je ne pense pas, cela ne me donnerait pas une grande consolation de mettre ma cervelle à la torture. Tous les gens sages se rient de ceux qui écrivent latin aujourd'hui; car personne ne parle cette langue et bien peu l'entendent. Je ne vois pas comment il n'est pas également ridicule de supposer continuellement, comme on le fait en écrivant et en parlant, certaines qualités humaines que chacun sait fort bien ne se jamais trouver dans un homme réel, et certains êtres rationnels ou fantastiques, adorés jadis pendant un long temps, mais dont il n'est fait aucun cas aujourd'hui, ni par celui qui les nomme ni par celui qui n'aime pas à les nommer. Qu'on se serve de masque et de travestissement pour tromper autrui ou pour n'être pas connu, cela ne me paraît pas étrange. Mais que tous aillent masqués du même masque, et travestis de même, ne se dupant point les uns les autres et se connaissant fort bien entre eux, cela me paraît un enfantillage. Qu'ils ôtent leurs masques, qu'ils restent avec leurs habits; ils ne feront pas moins d'effet et ils seront plus à leur aise.

Enfin cette feinte éternelle, quoique inutile, et ce rôle qu'on joue, où l'on est si différent de soi, ne peuvent aller sans de grands soucis et un grand ennui. Si les hommes avaient passé tout d'un trait et non graduellement de l'état primitif, solitaire et sauvage, à la civilisation moderne, croyons-nous qu'on trouverait dans les langues les mots d'autrefois et les choses dites jadis, comme cet usage de revenir sans cesse sur le passé et d'en faire l'objet de mille raisonnements? En vérité, cet usage me semble être comme une de ces cérémonies et de ces pratiques anciennes, si éloignées des coutumes présentes, et qui cependant se maintiennent par la force de l'habitude. Moi qui ne puis me soumettre à ces cérémonies, je ne me soumets pas davantage à cet usage, et j'écris en langue moderne, et non pas en langue du temps des Troyens. En second lieu, je ne cherche pas tant dans mes écrits à critiquer notre espèce qu'à m'affliger de la destinée. Je crois qu'aucune chose n'est plus manifeste ni plus palpable que l'infélicité nécessaire de tous les vivants. Si cette infélicité n'est pas vraie, tout est faux et il nous faut laisser ce discours comme tout autre. Si elle est vraie, pourquoi ne m'est-il pas permis de m'en affliger ouvertement et librement, et de dire : je souffre? Si je m'affligeais en pleurant (et c'est là le troisième motif qui me pousse), je n'ennuierais pas peu les autres et moi-même, sans aucun fruit. En riant de mes maux, je trouve quelque soulagement, et je cherche à en donner à autrui dans la même mesure. Si je n'y réussis pas, je tiens cependant pour assuré que rire de nos maux est l'unique profit qu'on en puisse tirer et l'unique remède qu'il y en ait. Les poëtes disent que le désespoir a toujours un sourire à la bouche. Vous ne devez pas croire que je ne compatisse pas à l'infélicité humaine. Mais, ne la pouvant réparer par aucune force, aucun art, aucune industrie ni aucun moyen, j'estime bien plus digne de l'homme et d'un désespoir magnanime de rire des maux communs que de se mettre à soupirer, à pleurer et à crier avec les autres, et de les provoquer à la lamentation. En dernier lieu, il me reste à dire que je désire autant que vous et qu'aucun autre le bien de mon espèce en général ; mais je ne l'espère en aucune façon, et je ne me sais ni réjouir ni nourrir de certains biens en expectative, comme je le vois faire à beaucoup de philosophes dans ce siècle. Comme mon désespoir est entier, continu, fondé sur un jugement ferme et sur une certitude, il ne me laisse point songer ni imaginer un joyeux avenir ni entreprendre aucune chose pour la mener à fin. Et vous savez bien que l'homme ne se dispose pas à tenter ce qu'il sait ou croit ne pas devoir réussir, que, quand il s'y décide, c'est une œuvre faible et manquée, et que, quand on écrit le contraire de son opinion, même quand on a une opinion fausse, on ne fait jamais rien qui soit digne de considération.

TIMANDRE.

Mais il faut réformer son propre jugement quand il s'écarte de la vérité, comme le vôtre.

ÉLEANDRE.

Je juge, pour moi, que je suis malheureux, et en cela je sais que je ne me trompe pas. Si les autres ne le sont pas, je m'en félicite de toute mon âme. De plus, je suis sûr de ne pas me délivrer de l'infélicité avant de mourir. Si les autres ont pour eux-mêmes une autre espérance, je m'en réjouis également.

TIMANDRE.

Nous sommes tous malheureux et tous les hommes l'ont été ; je ne crois pas que vous puissiez vous vanter que votre pensée soit des plus nouvelles. Mais la condition humaine peut devenir infiniment meilleure qu'elle ne l'est, comme elle est déjà devenue indiciblement meilleure qu'elle n'était. Vous montrez que vous ne vous souvenez pas ou ne voulez pas vous souvenir que l'homme est perfectible.

ÉLÉANDRE.

Perfectible, je le croirai sur votre parole. Mais parfait, ce qui importe le plus, je ne sais quand je pourrai le croire ni qui me le persuadera.

TIMANDRE.

Il n'est pas encore arrivé à la perfection, parce que le temps lui a manqué ; mais on ne peut douter qu'il ne doive y arriver.

ÉLÉANDRE.

Je n'en doute pas non plus. Ce petit nombre d'années qui se sont écoulées depuis le commencement du monde jusqu'à maintenant ne pouvaient suffire ; elles ne permettent point de juger du caractère, de la destinée et des facultés de l'homme ; outre qu'on a eu bien autre chose à faire. Mais aujourd'hui on ne s'occupe que de perfectionner notre espèce.

TIMANDRE.

Oui, on s'en occupe avec le plus grand zèle dans tout l'univers civilisé. Si l'on considère le nombre et l'efficacité des moyens, qui depuis peu ont augmenté d'une façon incroyable, on peut croire qu'on atteindra le but dans un temps plus ou moins long ; et cette espérance n'est pas d'une mince utilité à cause des desseins et des actions utiles qu'elle provoque. Si donc il fut jamais funeste et répréhensible de faire paraître un désespoir comme le vôtre, c'est surtout maintenant. Quoi de plus déplorable que d'inculquer aux hommes la nécessité de leur misère, la vanité de la vie, la faiblesse et la petitesse de leur espèce, et la méchanceté de leur nature ? Cela ne peut avoir d'autre résultat que de leur abattre le courage, de les dépouiller de l'estime de soi, qui est le premier fondement de la vie honnête, utile et glorieuse, et de les détourner du soin de leur propre bien.

ELÉANDRE.

Je voudrais vous entendre déclarer précisément si ce que je dis de l'infélicité des hommes vous semble vrai ou faux.

TIMANDRE.

Vous reprenez en main vos armes habituelles; et que je vous avoue que ce que vous dites est vrai, vous croyez avoir vaincu. Eh bien! je vous réponds que toute vérité n'est pas bonne à prêcher à tous ni toujours.

ÉLÉANDRE.

De grâce, répondez encore à une autre question. Ces vérités, dont je parle sans les prêcher, sont-elles dans les philosophies des vérités principales ou accessoires.

TIMANDRE.

Pour ma part, je crois qu'elles sont la substance de toute la philosophie.

ÉLÉANDRE.

Ils se trompent donc grandement ceux qui disent et prêchent que la perfection de l'homme consiste dans la connaissance du vrai, que tous ses maux proviennent des idées fausses et de l'ignorance, et que le genre humain finira par être heureux, quand tous les hommes, ou au moins la plupart, connaîtront la vérité et la prendront pour règle de l'arrangement et de la conduite de leur vie. C'est ce que disent presque tous les philosophes anciens et modernes. Or voici qu'à votre avis ces vérités, qui sont la substance de toute la philosophie, se doivent cacher à la plus grande partie des hommes. Je crois que vous admettriez aisément qu'elles devraient être ignorées ou oubliées de tous ; parce que, une fois connues et gardées dans la mémoire, elles ne peuvent que nuire. Ce qui revient à dire que la philosophie devrait être extirpée du monde. Je n'ignore pas que la dernière conclusion que l'on tire de la vraie et parfaite philosophie, c'est qu'il n'est pas besoin de philosophie. D'où il suit que la philosophie premièrement est inutile, parce qu'il n'est pas besoin d'être philosophe pour ne pas philosopher ; secondement est très nuisible, parce qu'on n'arrive qu'à ses dépens à cette conclusion dernière, et, quand on y est arrivé, on ne la peut mettre en œuvre ; car il n'est pas au pouvoir de l'homme d'oublier les vérités connues et que l'habitude de philosopher se quitte moins facilement que toute autre. En somme, la philosophie, qui, à l'origine, espère et promet de guérir nos maux, en est réduite à la fin à désirer en vain de se porter remède à elle-même. Cela dit, je demande pourquoi il y a lieu de croire que l'âge présent soit plus proche de la perfection que les âges passés. Peut-être parce qu'il connaît davantage le vrai : mais on voit que cette connaissance est extrêmement contraire à la félicité de l'homme. Ou peut-être parce qu'aujourd'hui quelques hommes savent qu'il n'est pas besoin de philosopher, sans avoir pour cela le pouvoir de s'en abstenir : mais les premiers hommes ne philosophèrent pas, et les sauvages s'abstiennent de philosopher, sans en être incommodés. Quels sont donc ces moyens nouveaux ou meilleurs d'approcher de la perfection, que n'avaient pas nos ancêtres et que nous possédons ?

TIMANDRE.

Ils sont nombreux et de grande utilité. Mais vous les exposer demanderait des explications infinies.

ÉLÉANDRE.

Laissons-les de côté pour le moment, et revenons à mon cas. Je dis que si dans mes écrits je rappelle quelques vérités dures et tristes, dans l'unique intention de soulager mon âme ou de m'en consoler en en riant, je ne laisse pas cependant dans les mêmes écrits de déplorer, de déconseiller et

de critiquer l'étude de cette misérable et froide
vérité, dont la connaissance est la source ou de
nonchalance et de fainéantise, ou de bassesse
d'âme, d'iniquité, de malhonnêteté dans la conduite et de perversité dans les mœurs. Tandis
qu'au contraire je loue et j'exalte, bien qu'elles
soient fausses, les opinions qui font naître des
actes et des pensées nobles, fortes, magnanimes,
vertueuses et utiles au bien général ou particulier,
ces imaginations belles et heureuses, encore que
vaines, qui donnent du prix à la vie, les illusions
naturelles de l'âme, et enfin les erreurs antiques
fort différentes des erreurs barbares : celles-ci
seules, et non pas celles-là, auraient dû tomber
sous les coups de la civilisation moderne et de la
philosophie, qui, selon moi, ont dépassé le but,
comme c'est le propre et l'inévitable des choses
humaines : après nous avoir arrachés à une barbarie, elles nous ont précipités dans une autre non
moindre que la première, quoique née, non de
l'ignorance, mais de la raison et du savoir, barbarie moins efficace et moins manifeste au physique
qu'au moral, et, pour ainsi dire, plus cachée et
plus intrinsèque. De toute façon, je doute, ou
plutôt j'incline à croire qu'autant les erreurs an
tiques sont nécessaires à la bonne constitution
des nations civilisées, autant elles sont et deviennent chaque jour davantage impossibles à renou-
veler. Quant à la perfection de l'homme, je vous

jure que, si on y était arrivé, j'aurais écrit au moins un volume à la louange du genre humain. Mais puisqu'il ne m'a pas été donné de la voir et que je ne m'attends pas à ce que cela m'arrive dans ma vie, je suis disposé à consacrer par testament une partie de mon bien à faire composer et prononcer publiquement, tous les ans, un panégyrique du genre humain, le jour où il sera parfait; je veux même qu'on lui éleve un petit temple à l'antique ou une statue ou tout ce qu'on jugera convenable.

XXI

Copernic.

SCÈNE PREMIÈRE.
La Première Heure et le Soleil.

LA PREMIÈRE HEURE.
Bonjour, Excellence.

LE SOLEIL.
Ou plutôt bonne nuit.

LA PREMIÈRE HEURE.
Les chevaux sont en ordre.

LE SOLEIL.
Bien.

LA PREMIÈRE HEURE.
L'étoile du matin est sortie depuis un moment.

LE SOLEIL.

Bien : qu'elle aille et vienne à son aise.

LA PREMIÈRE HEURE.

Que veut dire votre Excellence ?

LE SOLEIL.

Que tu me laisses tranquille.

LA PREMIÈRE HEURE.

Mais, Excellence, la nuit a déjà tellement duré qu'elle ne peut plus durer davantage ; et si nous nous amusons, que votre Excellence prenne garde qu'il n'en sorte quelque désordre.

LE SOLEIL.

Qu'il en sorte ce qui voudra, je ne m'en émeus pas.

LA PREMIÈRE HEURE.

Que veut dire cela ? Votre Excellence se sentirait-elle mal ?

LE SOLEIL.

Non, non, je ne me sens rien, si ce n'est que je ne veux pas bouger ; va-t'en donc à tes affaires.

LA PREMIÈRE HEURE.

Comment irai je à mes affaires, si votre Excellence ne vient pas ? Je suis la première heure du jour, et comment le jour peut-il exister, si votre Excellence ne daigne pas sortir, selon sa coutume?

LE SOLEIL.

S'il ne fait pas jour, il fera nuit; ou bien les heures de la nuit feront double office, et tes compagnes et toi vous resterez en repos. — Sais-tu la vérité? je suis fatigué de circuler toujours pour éclairer trois ou quatre bestioles, qui vivent sur une si petite poignée de fange, que moi, qui ai bonne vue, je n'arrive pas à la voir. Cette nuit j'ai résolu de ne plus me fatiguer pour si peu : si les hommes veulent y voir clair, qu'ils tiennent leurs feux allumés ou qu'ils s'arrangent comme ils voudront.

LA PREMIÈRE HEURE.

Et comment votre Excellence veut-elle que les pauvrets s'arrangent? S'ils doivent garder leurs lanternes allumées et se procurer assez de chandelles pour avoir de la lumière tout le jour, ce sera une dépense excessive. Ah! si on avait déjà trouvé un gaz combustible pour illuminer les rues, les chambres, les boutiques, les caves et tous les lieux, et cela à peu de frais, alors je dirais que cet accident est moindre. Mais il devra s'écouler trois cents ans, ou peu s'en faut, avant que les hommes trouvent ce remède : pendant ce temps ils manqueront d'huile, de cire, de poix, de suif, et ils n'auront plus rien à brûler.

LE SOLEIL.

Ils iront à la chasse des lucioles et des vers luisants.

LA PREMIÈRE HEURE.

Et le froid ? comment s'en préserveront-ils ? Sans l'aide de votre Excellence, le feu de toutes les forêts ne suffira pas à les réchauffer. Et puis, ils mourront de faim, puisque la terre ne portera plus ses fruits. Et ainsi, au bout de peu d'années, la race de ces pauvres animaux se perdra : car, lorsqu'ils auront quelque temps erré sur la terre, cherchant à tâtons de quoi vivre et de quoi se réchauffer, et qu'ils auront consumé tout ce qui peut s'avaler et vu s'éteindre la dernière étincelle de feu, ils mourront tous dans l'obscurité, gelés comme des morceaux de cristal de roche.

LE SOLEIL.

Que m'importe cela? Suis-je la nourrice du genre humain, ou son cuisinier? ai-je à lui assaisonner ou à lui apprêter ses mets ? Et qu'est-ce que cela me fait si quelques petites créatures invisibles, éloignées de moi par des millions de milles, n'y voient pas et ne peuvent résister au froid, sans ma lumière? Et puis, si je dois encore servir, pour ainsi dire, d'étuve ou de foyer à cette famille humaine, il est raisonnable que, quand la famille veut se chauffer, elle vienne près du foyer, et non que le foyer aille la trouver. Donc, si la Terre a besoin de ma présence, qu'elle se mette en route pour l'avoir : moi je n'ai pas du tout besoin de la Terre, pour aller la chercher ainsi.

LA PREMIÈRE HEURE.

Votre Excellence veut dire, si je l'entends bien que, ce qu'elle a fait par le passé, la Terre doit le faire maintenant.

LE SOLEIL.

Oui, maintenant, et toujours à l'avenir.

LA PREMIÈRE HEURE.

Il est sûr que votre Excellence a bien raison, et puis elle peut agir à son gré. Cependant que votre Excellence daigne considérer combien de choses belles seront nécessairement détruites, si elle veut établir cet ordre nouveau. Le jour n'aura plus son beau char doré, avec ses beaux chevaux, qui se lavaient dans la mer ; et, en laissant de côté les autres particularités, nous autres, pauvres heures, nous n'aurons plus de place au ciel, et d'enfants célestes nous deviendrons terrestres, si, comme je m'y attends, nous ne nous résolvous pas plutôt en fumée. Mais advienne ce qu'il pourra : le difficile sera de persuader à la Terre d'aller çà et là ; elle n'y est pas habituée, et il lui paraîtra étrange d'avoir maintenant à courir toujours et à se fatiguer, elle qui n'a jamais bougé de sa place jusqu'à ce jour-ci. Et si votre Excellence commence à présent, à ce qu'il semble, à prêter un peu l'oreille à la paresse, j'entends dire que la Terre n'est pas plus portée au travail aujourd'hui qu'autrefois.

LE SOLEIL.

Le besoin en cette affaire, la piquera au jeu et la fera danser et courir autant qu'il faudra. Mais, de toute façon, l'expédient le plus sûr est de trouver un poëte ou un philosophe qui persuade à la Terre de se mettre en mouvement, ou qui, s'il ne peut la décider, la fasse aller de force. Car enfin c'est là l'affaire des philosophes et des poëtes : ils y sont presque tout-puissants. Ce sont les poëtes qui avec leurs belles chansons (j'étais alors plus jeune et je les écoutais) m'ont fait faire de bonne grâce, à titre de passe-temps ou d'exercice honorifique, cette tâche stupide qui consiste à courir en désespéré, grand et gros comme je suis, autour d'un petit grain de sable. Mais aujourd'hui que j'ai atteint l'âge mûr et que je me suis tourné vers la philosophie, je cherche en toute chose l'utilité, non la beauté, et les sentiments des poëtes, quand ils ne m'écœurent pas, me font rire. Je veux, pour faire une chose, avoir de bonnes raisons bien substantielles ; or je ne trouve aucune raison de préférer à la vie oisive et paisible la vie active, qui est incapable de payer la peine qu'on se donne, ou même les pensées que l'on forme : car il n'y a pas au monde un fruit qui vaille deux sous. Aussi, je suis décidé à laisser les fatigues et les tracas aux autres, et à vivre, pour ma part, au logis, tranquille et sans affaires. Ce changement de conduite vient en partie de l'âge, comme je te l'ai dit : mais je le dois aussi aux philosophes, espèce qui en ces temps a commencé à devenir puissante et le devient chaque jour davantage. Aujourd'hui que je veux que la terre se remue et se mette à courir à ma place, un poëte serait, à un certain point de vue, plus à propos qu'un philosophe : car les poëtes, tantôt avec une fable, tantôt avec une autre, donnent à entendre que les choses du monde ont du prix et du poids, qu'elles sont très agréables et très belles, et, en créant mille espérances joyeuses, donnent aux autres hommes le désir d'agir : tandis que les philosophes les en dégoûtent. Mais, d'autre part, comme les philosophes ont commencé à prendre le dessus, j'ai peur que la Terre n'écoute pas plus aujourd'hui un philosophe que, moi, je ne l'écouterais ; et quand même on l'écouterait, il ne produirait pas d'effet. Le mieux sera donc de recourir à un philosophe :

sans doute les philosophes sont d'ordinaire peu aptes et encore moins disposés à pousser les autres à agir : mais, dans un cas si extrême, il est possible qu'ils fassent le contraire de leur habitude. A moins que la Terre ne juge qu'il lui est plus avantageux de périr que de se donner tant de mal. Je ne dis pas qu'elle aurait tort. Mais nous verrons bien ce qui arrivera. Voici donc ce que tu vas faire : tu t'en iras sur la Terre ou tu y enverras une de tes compagnes, celle que tu voudras. Si elle trouve quelque philosophe qui soit hors de chez lui, au frais, en train de regarder le ciel et les étoiles, et il est probable qu'elle en trouvera à cause de la nouveauté de cette nuit si longue, elle le saisira, sans autre cérémonie, le prendra sur son dos et reviendra me l'apporter ici : je verrai à lui persuader de faire ce qui convient. As-tu bien entendu ?

LA PREMIÈRE HEURE.

Oui, Excellence. Vous serez obéi.

SCÈNE II.

COPERNIC, *debout sur la terrasse de sa maison, regarde le ciel vers l'Orient, au moyen d'un petit tuyau de papier : car les lunettes d'approche n'étaient pas encore inventées.*

Voilà une chose grave. Ou toutes les horloges se trompent ou le soleil devrait déjà être levé depuis plus d'une heure. On ne voit pas la moindre lueur à l'orient. Le ciel est clair et net comme un miroir. Toutes les étoiles brillent comme s'il était minuit. Va-t-en maintenant à l'Almagesto ou au Sacrobosco et demande les causes de cet accident. J'ai entendu parler plusieurs fois de la nuit que Jupiter passa avec la femme d'Amphitryon, et je me souviens aussi d'avoir lu, il y a peu de temps, dans un livre moderne en espagnol un récit des Péruviens d'après lequel une fois, dans l'antiquité, il y eut dans leur pays une nuit très longue, ou plutôt interminable : à la fin le soleil sortit d'un certain lac, qu'ils nomment lac de Titicaca. Mais jusqu'à ce jour j'ai pensé que c'étaient là autant de bourdes, et je n'ai pas eu un doute là-dessus, comme tous les hommes raisonnables. Aujourd'hui, je m'aperçois bien que la raison et la science ne valent pas un fétu, et je me résous à croire que ces choses et d'autres semblables peuvent être tout à fait vraies : je vais même aller à tous les lacs et à tous les bourbiers que je pourrai trouver, pour voir s'il ne m'arrivera pas de repêcher le soleil. Mais quel est ce bourdonnement que j'entends? On dirait les ailes d'un grand oiseau.

SCÈNE III.

Copernic, la Dernière Heure.

LA DERNIÈRE HEURE.

Copernic, je suis la dernière heure.

COPERNIC.

La dernière heure? Bien : il faut se préparer. Seulement, si c'est possible, donne moi le temps de faire mon testament et de mettre ordre à mes affaires avant de mourir.

LA DERNIÈRE HEURE.

Que parles-tu de mourir? Je ne suis pas la dernière heure de la vie.

COPERNIC.

Qu'es-tu donc? La dernière heure de l'office du bréviaire?

LA DERNIÈRE HEURE.

Je crois que cette heure-là t'est plus chère que les autres, quand tu te trouves dans le chœur.

COPERNIC.

Mais comment sais-tu que je suis chanoine? Et comment me connais-tu? Car tu m'as appelé tout à l'heure par mon nom.

LA DERNIÈRE HEURE.

J'ai pris des informations sur toi auprès de gens qui étaient en bas, dans la rue. Bref, je suis la dernière heure du jour.

COPERNIC.

Ah! je comprends : la première heure est malade, et c'est pour cela qu'on ne voit pas encore le jour.

LA DERNIÈRE HEURE.

Laisse-moi parler. Le jour n'aura plus lieu, ni aujourd'hui, ni demain, ni jamais, si tu n'y pourvois.

COPERNIC.

Ce serait bien curieux, qu'il m'appartînt de faire le jour.

LA DERNIÈRE HEURE.

Je te dirai comment cela se fera. Mais, avant toute chose, il faut que tu viennes avec moi sans retard chez le Soleil, mon patron. Je te dirai le reste en chemin, et son Excellence achèvera de te renseigner, quand nous serons arrivés.

COPERNIC.

Tout va bien. Mais la route, si je ne me trompe, doit être assez longue. Comment pourrai-je emporter assez de provisions pour ne pas mourir de faim quelques années avant d'arriver. Ajoute que les terres de son Excellence ne produisent pas, je crois, de quoi me fournir seulement un dejeûner.

LA DERNIÈRE HEURE.

Laisse ces inquiétudes. Tu n'auras pas à rester longtemps chez le Soleil, et le voyage se fera en un instant. Car je suis un esprit, si tu l'ignores.

COPERNIC.

Mais moi je suis un corps.

LA DERNIÈRE HEURE.

Bien, bien : ne t'embrouille pas dans de tels discours : tu n'es pas philosophe métaphysicien. Viens ici : grimpe-moi sur les épaules et laisse-moi faire le reste.

COPERNIC.

Allons, c'est fait. Voyons à quoi aboutira cette aventure étrange.

SCÈNE IV.

Copernic, le Soleil.

COPERNIC.

Illustrissime seigneur!

LE SOLEIL.

Pardon, Copernic, si je ne te fais pas asseoir : nous ne nous servons pas de sièges ici. Mais nous aurons vite fait. Tu sais déjà, par ma messagère, de quoi il s'agit. Moi, de mon côté, d'après ce que cette enfant me rapporte sur tes mérites, je trouve que tu es tout à fait apte à produire l'effet demandé.

COPERNIC.

Seigneur, je vois beaucoup de difficultés dans cette affaire.

LE SOLEIL.

Les difficultés ne doivent pas épouvanter un homme de ta sorte. On dit même qu'elles grandissent le courage des gens courageux. Mais enfin quelles sont donc ces difficultés ?

COPERNIC.

Premièrement, si grande que soit la puissance de la philosophie, je ne suis pas sûr qu'elle suffise pour persuader à la Terre de se mettre à courir, au lieu de rester en place à son aise, et de se fatiguer au lieu de rester en repos, surtout en ces temps-ci : car nous ne sommes plus aux temps héroïques.

LE SOLEIL.

Si tu ne peux l'y décider, tu l'y forceras.

COPERNIC.

Volontiers, illustrissime, si j'étais un Hercule ou tout au moins un Roland et non pas un chanoine de Varmia.

LE SOLEIL.

Qu'est-ce que cela fait? Ne raconte-t-on pas d'un de vos mathématiciens antiques que, s'il avait eu, disait il, un point d'appui hors du monde, sur lequel il pût se placer, il se faisait fort de remuer le ciel et la terre? Or, tu n'as pas à remuer le ciel, et voici que tu te trouves dans un lieu qui est hors de la terre. Donc, si tu n'es pas inférieur à cet ancien, tu arriveras bien à la mettre en mouvement, qu'elle le veuille ou non.

COPERNIC.

Seigneur, on pourrait le faire : mais il faudrait un levier et ce levier devrait être si long, que ni moi ni votre seigneurie illustrissime, si riche qu'elle soit, nous ne pourrions suffire à payer la matière et la façon. Mais voici une autre difficulté plus grave, ou plutôt c'est comme un groupe de difficultés. La terre, jusqu'à ce jour, a occupé la première place du monde, c'est-à-dire le milieu ; et (comme vous savez) tandis qu'elle reste immobile sans autre affaire que de regarder autour d'elle, tous les autres globes de l'univers, les plus grands comme les plus petits, ceux qui brillent comme ceux qui sont obscurs, se sont mis à rouler continuellement au-dessus, au-dessous d'elle et sur ses flancs, avec une hâte, une activité et une furie qui étourdissent, quand on y pense. Et ainsi, toutes choses faisant montre d'être occupées à son service, il semblait que l'univers était une espèce de cour : la Terre y était assise comme sur un trône, et, autour d'elle, les autres globes, jouant le rôle de courtisans, de gardes, de serviteurs, remplissaient chacun leur ministère. Si bien qu'en effet la Terre s'est toujours crue l'impératrice du monde ; et en vérité, si les choses demeurent comme elles ont toujours été, on ne peut pas dire qu'elle ait discouru à la légère : et pour moi je ne puis nier que son opinion n'ait eu beaucoup de fondement. Que vous dirai-je des hommes? Nous nous croyons (et nous nous croirons toujours) les premières créatures de la terre, et plus encore. Chacun de nous, fût-il vêtu de haillons et n'eût-il pas un morceau de pain dur à ronger, se croit sûr d'être un empereur : non pas un empereur de Constantinople ou d'Allemagne ou de la moitié de la terre, comme l'étaient les empereurs romains, mais un empereur de l'univers, un empereur du soleil, des planètes, de toutes les étoiles visibles et invisibles, ainsi que la cause finale des étoiles, des planètes, de votre seigneurie illustrissime, et de toutes les choses. Si maintenant nous voulons que la Terre sorte du milieu du monde, qu'elle courre, qu'elle tourne, qu'elle se fatigue continuellement, qu'elle travaille autant, ni plus ni moins, que l'ont fait les autres globes jusqu'à ce jour, enfin qu'elle entre au nombre des planètes, la conséquence sera que sa majesté terrestre et leurs majestés humaines devront déménager leur trône et laisser l'empire, tout en gardant, avec leurs haillons, leurs misères, qui ne sont pas minces.

LE SOLEIL.

Que veut conclure, en somme, avec ce discours, notre ami don Nicolas? Peut-être a-t-il un scrupule de conscience et craint-il de faire un crime de lèse-majesté?

COPERNIC.

Non, illustrissime. Car ni les codes, ni le Digeste, ni les livres qui traitent du droit public, du droit de l'empire, du droit des gens ou du droit naturel, ne font mention de ce crime de lèse-majesté, si mes souvenirs sont exacts. Mais je veux dire, en substance, que notre acte ne sera pas simplement matériel, comme il semble à première vue, et que les effets n'en appartiendront pas seulement à la physique : car il bouleversera les degrés de la dignité des choses et de l'ordre des êtres; il fera une grande révolution jusque dans la métaphysique et dans tout ce qui touche à la partie spéculative du savoir. Et il en résultera que les hommes, s'ils savent ou veulent discourir sainement, trouveront que leur nature est tout autre qu'elle n'a été auparavant, ou qu'elle leur a paru être.

LE SOLEIL.

Mon fils, ces choses ne me font pas peur : car je porte autant de respect à la métaphysique qu'à la physique, ou, si tu veux, qu'à l'alchimie et à la nécromancie. Les hommes se contenteront d'être ce qu'ils sont : et si cela ne leur plaît pas, ils se mettront à raisonner à rebours et en dépit de l'évidence des choses, ce qui leur sera très facile :

de la sorte, ils continueront à se croire ce qu'ils voudront être, barons, ducs, empereurs, ou quelque chose de plus, s'il leur plait : cette opinion les consolera et ne me causera aucun dépit.

COPERNIC.

Eh bien! laissons les hommes et la terre. Considérez, illustrissime, ce qui arrivera naturellement aux autres planètes. Quand elles verront que la terre fait tout ce qu'elles font et devient une d'entre elles, elles ne voudront plus rester lisses, simples, laides, désertes et tristes, comme elles l'ont toujours été, tandis que la Terre serait seule à avoir de tels ornements : elles voudront posséder aussi leurs fleuves, leurs mers, leurs montagnes, leurs plantes, et aussi leurs animaux et leurs habitants : car elles ne verront aucune raison d'être en quoi que ce soit inférieures à la Terre. Et voilà une autre grande revolution dans le monde, et une infinité de familles et de populations nouvelles qu'on verra, en un instant, pousser de tous les côtés, comme des champignons.

LE SOLEIL.

Laisse-les pousser. Qu'elles soient aussi nombreuses qu'elles voudront. Ma lumière et ma chaleur suffiront pour toutes, sans que j'accroisse ma dépense pour cela; et le monde aura de quoi les nourrir, les vêtir, les loger, les traiter largement, sans faire de dettes.

COPERNIC.

Mais que votre illustrissime seigneurie réfléchisse encore un peu, et elle verra surgir une autre complication. Les étoiles, voyant que vous restez immobile et assis, non plus sur un escabeau, mais sur un trône, et vous avez autour de vous cette belle cour et ce peuple de planètes, voudront, non seulement s'asseoir et se reposer, mais régner elles aussi : or, comme pour régner il faut avoir des sujets, elles voudront avoir chacune leurs planètes, comme vous aurez les vôtres. Ces nouvelles planètes devront être habitées et ornées comme l'est la Terre. Je ne vous dirai rien de ce pauvre genre humain, qui déjà n'est guère plus que rien par rapport au monde où il habite, et qui se réduira encore quand naîtront tant de milliers d'autres mondes que la moindre petite étoile de la voie lactée aura le sien. Mais, en ne considérant que votre intérêt, je dis que jusqu'ici vous avez été, sinon le premier de l'univers, du moins le second, c'est-à-dire le premier après la Terre, et vous n'avez pas eu d'égaux : mais dans ce nouvel état de l'univers, vous aurez autant d'égaux qu'il y aura d'étoiles avec leurs mondes. Prenez donc garde que ce changement que nous voulons faire ne se fasse au préjudice de votre dignité.

LE SOLEIL.

Ne te souviens-tu pas de ce que dit votre César un jour que, traversant les Alpes, il passa près d'une bourgade habitée par de pauvres gens barbares? « J'aimerais mieux être le premier dans cette bourgade que le second à Rome. » Et moi aussi je devrais aimer mieux être le premier dans ce monde-ci que le second dans l'univers. Mais ce n'est pas l'ambition qui m'engage à changer l'état présent des choses : c'est l'amour du repos, ou, pour mieux dire, la paresse. De sorte que je ne m'inquiète guère d'avoir des rivaux ou de n'en avoir pas, ni d'être au premier rang ou au dernier : parce que, à l'encontre de Cicéron, je tiens plus au loisir qu'à la dignité.

COPERNIC.

Ce loisir, illustrissime, je vais, pour ma part, m'ingénier le plus possible à vous le procurer. Mais, même si j'y réussis, je doute que vous le conserviez longtemps. Et d'abord je suis presque sûr qu'avant peu d'années vous serez contraint de vous mettre à tourner comme une poulie de puits ou comme une meule de moulin, sans pourtant changer de place. Puis, je ne sais trop si, après un temps plus ou moins long, vous ne finirez pas par recommencer à courir : je ne dis pas que ce sera autour de la Terre, mais qu'est-ce que cela vous fait? Et peut être que ce fait de tourner sur vous-même, comme vous le ferez, servira encore d'argument pour vous faire circuler. Mais advienne ce que pourra; nonobstant toute difficulté et toute autre considération, si vous persévérez dans votre dessein, j'essaierai de vous servir; pourvu toutefois que, si je ne réussis pas, vous pensiez que je n'ai pas pu et vous ne disiez pas que j'ai mauvaise volonté.

LE SOLEIL.

C'est bien, ami Copernic : essaie.

COPERNIC.

Il ne resterait qu'une seule difficulté.

LE SOLEIL.

Et laquelle?

COPERNIC.

C'est que je ne voudrais pas être, pour ce fait, brûlé vif à la manière du phénix : car, si cela m'arrivait, je suis sûr de ne pas ressusciter de mes cendres, comme fait cet oiseau, et de ne jamais plus voir, dorénavant, la face de votre seigneurie.

LE SOLEIL.

Écoute, Copernic : tu sais qu'au moment où vous autres philosophes étiez à peine nés, je veux dire au temps où la poésie était reine, j'ai été prophète. Je veux que maintenant tu me laisses prophétiser pour la dernière fois et qu'en souvenir de mon antique pouvoir, tu ajoutes foi à mes paroles. Je dis donc que peut-être, après toi, ceux qui approuveront ce que tu auras fait pourront s'exposer à quelque brûlure ou à des accidents semblables : mais toi, pour cette entreprise, à ce que je puis connaître, tu ne souffriras rien. Et si tu veux être en plus grande sécurité, voici le parti que tu prendras : le livre que tu écriras à ce sujet, dédie-le au pape. De cette façon, je te promets que tu ne perdras même pas ton canonicat.

XXII

Dialogue de Plotin et de Porphyre.

« Une fois la pensée m'était venue, à moi Porphyre, de quitter la vie : Plotin s'en aperçut et vint me trouver chez moi à l'improviste. Il me dit que cette pensée ne venait pas d'un esprit bien portant, mais de quelque indisposition mélancolique, et il me contraignit à changer de pays. » Porphyre, dans la *Vie de Plotin*. La même chose se trouve dans la *Vie de Porphyre*, par Eunape, et il ajoute que Plotin développa dans un livre l'entretien qu'il eut avec Porphyre à cette occasion.

PLOTIN.

Porphyre, tu sais que je t'aime et combien je t'aime, et tu ne dois pas t'étonner si j'observe tes paroles, tes actions et ton état avec une certaine curiosité. Eh bien! tu me fais de la peine. Voilà plusieurs jours que je te vois tout triste, tout pensif : tu as un regard, tu laisses échapper des paroles... Enfin, laissant les préambules et les détours, je crois que tu as en tête une mauvaise intention.

PORPHYRE.

Comment? que veux-tu dire?

PLOTIN.

Oui, une mauvaise intention contre toi-même. Quant à la chose même, on regarde comme de mauvais augure de la nommer. Voyons, mon cher Porphyre, ne me nie pas la vérité; ne fais pas une telle injure à l'amour que nous nous portons l'un à l'autre depuis si longtemps. Je sais bien que je te déplais en abordant ce sujet, et je comprends que tu aurais aimé tenir ton dessein caché : mais dans une chose si importante, je ne pouvais me taire et tu ne devrais pas éprouver de l'ennui à en parler à quelqu'un qui t'aime comme luimême. Discourons ensemble posément et examinons tes motifs : tu soulageras ton âme avec moi, tu te plaindras, tu pleureras; car je mérite cette confiance de ta part, et au demeurant, je ne suis pas homme à t'empêcher d'exécuter ce qui nous aura paru raisonnable et utile.

PORPHYRE.

Je ne t'ai jamais dit non quand tu m'as demandé quelque chose, mon cher Plotin. Et maintenant je te confesse ce que j'aurais voulu tenir secret et ce que je ne confesserais à personne autre pour rien au monde. Oui, ce que tu supposes sur mes intentions est la vérité. Tu veux que nous nous mettions à discuter sur ce sujet : mon âme y répugne beaucoup, parce que de telles résolutions semblent se complaire à un silence profond et que l'esprit, en de telles pensées, aime à être solitaire et retiré en lui plus que jamais : cependant je suis disposé à agir à ton gré. Je fais mieux : je commence. Je te dirai d'abord que cette inclination ne procède chez moi d'aucune disgrâce qui me soit arrivée ou que je puisse prévoir, mais d'un dégoût de la vie, d'un ennui si violent qu'il ressemble à une douleur et à une convulsion, et du déplaisir que j'éprouve à connaître, à voir, à goûter, à toucher la vanité de chaque chose qui s'offre à moi dans la journée. De manière que non seulement mon intelligence, mais toutes mes sensations, même physiques, sont remplies de cette vanité, si je puis employer cette expression étrange, mais adaptée à ma pensée. Et premierement tu ne pourras pas dire que cette disposition où je suis n'est pas raisonnable. Sans doute, j'accorderai volontiers qu'elle provient en bonne partie de quelque malaise physique : mais elle n'en est pas moins très raisonnable. Il y a plus : toutes les autres dispositions des hommes, par lesquelles ils vivent et croient que la vie et les choses humaines ont quelque substance, sont plus ou moins éloignées de la raison et se fondent sur quelque erreur et sur quelque imagination fausse. Mais rien n'est plus raisonnable que l'ennui. Les plaisirs sont tous vains. La douleur même, je parle de celle de l'âme, est vaine la plupart du temps : car à la considérer dans ses causes ou dans son objet, elle n'a rien ou presque rien de réel. Je dis la même chose de la crainte, la même chose de l'espérance. Seul l'ennui, qui naît toujours de la vanité des choses, n'est jamais ni vanité ni erreur : il ne repose jamais sur rien de faux. Et l'on peut dire que, si tout le reste est vain, tout le réel et tout le solide de la vie humaine se ramènent à l'ennui, consistent dans l'ennui.

PLOTIN.

Soit. Je ne veux pas te contredire sur ce point. Mais il nous faut maintenant considérer l'acte auquel tu songes, je veux dire le considérer de plus près et en lui-même. Je ne te dirai pas que c'est une pensée de Platon, comme tu le sais, qu'il n'est pas permis à l'homme de s'évader volontairement, à la manière d'un esclave fugitif, de cette sorte de prison où il se trouve par la volonté des Dieux, autrement dit de se priver spontanément de la vie.

PORPHYRE.

Je t'en prie, mon cher Plotin ; laissons de côté, pour le moment, Platon, ses doctrines et ses fantaisies. Autre chose est louer, commenter, défendre certaines opinions dans les écoles et dans les livres, autre chose est les suivre dans la pratique. Qu'on me passe d'avoir approuvé et suivi les sentiments de Platon dans l'école et dans les livres, puisque tel est l'usage aujourd'hui : mais, dans la vie, loin de les approuver, je les ai plutôt en abomination. On dit, je le sais, que Platon mêlait à ses écrits ces doctrines sur la vie future, afin que les hommes entrassent en doute et en soupçon sur leur état après la mort, et que par cette incertitude et par la crainte de peines et de calamités futures, ils fussent détournés dans leur vie des injustices et des autres mauvaises actions. Si je croyais que Platon ait été l'auteur de ces doutes et de ces croyances et qu'ils les ait inventées, je dirais : Tu vois, Platon, quelle ennemie éternelle notre espèce a toujours trouvée dans la nature, ou dans la nécessité, ou dans la destinée, ou dans la puissance, quelle qu'elle soit, créatrice et maîtresse de l'univers. A notre espèce on pourra pour de nombreuses, pour d'innombrables raisons contester cette supériorité que par d'autres motifs nous prétendons avoir sur les animaux : mais on ne trouvera aucune raison de lui enlever cette suprématie que l'antique Homère lui attribuait, je veux dire la suprématie de l'infélicité. Cependant la nature nous a réservé un remède à tous nos maux : la mort, qui serait peu crainte de ceux qui n'ont pas fait grand usage de leur intelligence, et que les autres desireraient. Et ce serait, dans notre vie qui est remplie de douleurs, un consolation bien douce que la pensée et l'attente de notre fin. Mais toi, avec ce doute terrible que tu as suscité dans l'esprit des hommes, tu as ôté à cette pensée toute sa douceur et tu l'as rendue plus amère que toutes les autres. Tu es cause que l'on voit les infortunés mortels craindre le port plus que la tempête et fuir par l'esprit, loin de ce remède et de ce repos uniques, dans les angoisses présentes et dans les déchirements de la vie. Tu as été plus cruel aux hommes que la destinée, la nécessité ou la nature. Et, comme ce doute ne peut se bannir en aucune façon, comme nos esprits n'en peuvent jamais être délivrés, tu as à jamais réduit tes semblables à trouver la mort pleine d'angoisses et plus misérable que la vie. Par ton œuvre, tandis que tous les autres animaux meurent sans aucune crainte, le repos et la tranquillité de l'âme sont exclus pour toujours de la dernière heure de l'homme. Cela manquait, ô Platon, à l'infortune de l'espèce humaine.

Je ne rappellerai pas que ton but, qui était de détourner les hommes des violences et des injustices, n'a pas été atteint. En effet, ces doutes et ces croyances épouvantent tous les hommes à leurs derniers moments, alors qu'ils ne sont plus capables de nuire : dans le cours de la vie, ces idées épouvantent fréquemment les honnêtes gens, qui sont désireux non de nuire, mais d'être utiles; elles épouvantent les personnes timides et faibles de corps qui n'ont ni assez de dispositions naturelles ni assez de force de cœur ou de bras pour les violences et les iniquités. Mais les hommes audacieux, robustes, peu sensibles à la puissance de l'imagination, enfin ceux en général à qui il faudrait un autre frein que celui de la seule loi, ne redoutent point ces idées, n'en sont pas détournés des mauvaises actions, comme nous le montrent des exemples quotidiens, comme le rend manifeste l'expérience de tous les siècles depuis tes jours jusqu'aux nôtres. Les bonnes lois, et plus encore la bonne éducation, la culture des mœurs et des esprits, conservent dans la société la justice et la mansuétude : les âmes dégrossies et attendries par un peu de civilisation, et accoutumées à considérer un peu les choses et à mettre en œuvre un peu d'intelligence, ont presque toujours et presque nécessairement horreur de faire violence aux personnes ou de verser le sang, elles sont la plupart du temps éloignées de nuire aucunement à autrui, et c'est bien rarement, c'est avec peine qu'elles se décident à courir les dangers que comportent les contraventions aux lois. Mais ce bon effet n'est pas produit par des imaginations menaçantes et par de tristes croyances à des choses cruelles et effroyables. Au contraire : elles font comme la multitude et la cruauté des supplices dont usent les gouvernements ; elles accroissent d'un côté la bassesse, de l'autre la férocité, ces deux ennemies, ces deux fléaux de la société humaine.

Mais tu as proposé et promis un salaire aux honnêtes gens. Quel salaire ? un état qui nous apparaît plein d'ennui et plus intolérable encore que cette vie. Chacun voit la cruauté de tes supplices : mais la douceur de tes récompenses est cachée, mystérieuse, incompréhensible à l'homme. Quelle efficacité peuvent avoir de telles récompenses pour nous encourager à la droiture et à la vertu ? Et en vérité, si une poignée de malhonnêtes gens, par crainte de ton épouvantable Tartare, s'abstiennent de quelque mauvaise action, j'ose affirmer que jamais aucun honnête homme, en ses moindres actes, ne s'est mis à bien agir par désir de ton Élysée. C'est que pour notre imagination il n'a point l'apparence d'une chose désirable. Et, outre que l'attente certaine de ce bien serait d'un mince confort, quelle espérance d'y atteindre as-tu laissée même aux hommes justes et vertueux, si ton Minos, ton Éaque et ton Radamanthe, juges rigides et inexorables, ne doivent pardonner à aucune ombre, à aucune trace de faute? Quel est l'homme qui pourrait se sentir, ou se croire aussi net, aussi pur que tu le réclames? De sorte qu'il finit par être tout à fait impossible d'atteindre à cette félicité, quelle qu'elle soit, et il ne suffit pas de la conscience d'avoir vécu le plus droitement et le plus laborieusement possible pour ôter à l'homme l'incertitude de son état futur et la crainte des châtiments. Ainsi, par tes doctrines, la crainte l'a emporté d'une manière infinie sur l'espérance et est devenue la maîtresse de l'homme, et voici quel est en définitive le fruit de tes doctrines : le genre humain, qui dans cette vie est un exemple merveilleux d'infortune, s'attend à trouver dans la mort, non la fin de ses misères, mais un état plus malheureux encore. De la sorte, tu as vaincu en cruauté, non seulement la nature et le destin, mais encore les tyrans les plus cruels, les bourreaux les plus impitoyables qui soient au monde.

Mais à quelle barbarie peut-on comparer l'arrêt par lequel tu défends à l'homme de mettre fin à ses souffrances, à ses douleurs, à ses angoisses, en surmontant l'horreur de la mort et en se privant volontairement de la vie? Certes il n'y a point de place chez les autres animaux pour le désir de terminer leur existence, parce que leurs misères ont des limites plus étroites que les misères de l'homme, et d'ailleurs ils n'auraient pas le courage de finir spontanément leurs jours. Mais si de telles dispositions étaient dans la nature des bêtes, rien ne les empêcherait de mourir : aucune défense, aucun doute ne leur ôterait la faculté de se soustraire à leurs maux. Voilà que tu nous rends, même en cela, inférieurs aux brutes : cette liberté qu'elles auraient à l'occasion, cette liberté que la nature même, si avare envers nous, ne nous a pas refusée, voilà qu'elle manque à l'homme à cause de toi. Les seuls êtres vivants qui sont capables de désirer la mort sont aussi les seuls qui n'aient pas la mort à leur disposition. La nature, le destin et la fortune ne cessent de nous fouetter jusqu'au sang et de nous déchirer dans des douleurs indicibles : toi, tu accours, tu nous attaches les bras étroitement, tu nous enchaînes les pieds, et il ne nous est possible ni de nous défendre ni même de nous en aller. En vérité, quand je considère la grandeur de l'infélicité humaine, je pense qu'il en faut accuser avant tout tes doctrines et que les hommes ont à se plaindre bien plus de toi que de la nature. Sans doute la nature ne nous a destinés qu'à une vie très malheureuse : mais d'autre part elle nous a donné le pouvoir d'y mettre un terme quand nous le voudrions. Et l'on ne peut trouver très grande une infortune qui, si je veux, durera fort peu ; d'ailleurs, quand même on ne se résoudrait pas à quitter réellement la vie, la seule pensée de pouvoir à volonté se soustraire à l'infortune serait une telle consolation et un tel allégement dans n'importe quel malheur, que par là tout paraîtrait facile à supporter. Le poids intolérable de notre infélicité ne vient donc pas, il faut le reconnaître, d'autre chose que de ce doute où nous sommes, en tranchant volontairement notre vie, de tomber dans une misère plus grande que la misère présente. Que dis-je, plus grande ? Cette misère future est d'une atrocité et d'une longueur si indicibles que, même en admettant la certitude du présent et l'incertitude de ces peines, la crainte de ces peines doit, sans comparaison aucune, prévaloir dans un esprit raisonnable sur le sentiment de n'importe lequel des maux présents. Ce doute, ô Platon, il te fut bien facile de le susciter : mais la race des hommes aura disparu avant qu'il soit dissipé. Non, il ne naît rien, il ne naîtra rien d'aussi désastreux et d'aussi funeste pour la race humaine que l'a été ton génie.

Voilà ce que je dirais, si je croyais que Platon ait été l'auteur ou l'inventeur de ces doctrines, et je sais très bien qu'il ne l'a pas été. Mais de toute manière, c'est assez parlé de ce sujet et je voudrais qu'il n'en fût plus question.

PLOTIN.

Porphyre, en verité j'aime Platon, comme tu le sais. Mais ce n'est pas un motif pour que je veuille discourir d'autorité, surtout avec toi et dans un tel sujet : c'est à la raison que je veux faire appel. Et si j'ai fait allusion comme à la dérobée à telle ou telle pensée platonicienne, ç'a été plutôt par manière d'exorde que pour autre chose. Je reprends donc le raisonnement que j'avais dans l'esprit, et je dis que non seulement Platon ou tel autre philosophe, mais la nature même semble nous enseigner qu'il ne nous est pas permis de quitter le monde volontairement. Je ne m'étendrai pas longtemps sur ce point : car, pour peu que tu y penses, il est impossible que tu ne reconnaisses pas que se tuer soi-même sans nécessité est une chose contre nature. Pour mieux dire, c'est l'acte le plus contraire à la nature que l'on puisse commettre. En effet, tout l'ordre des choses serait bouleversé si les choses se détruisaient d'elles-mêmes. Et il semble qu'il y ait contradiction, si quelqu'un peut se prévaloir de la vie pour éteindre cette vie, si l'être subsiste pour le non être. En outre, si quelque chose nous est enjoint et commandé par la nature, à coup sûr elle nous commande par dessus tout, et non seulement aux hommes, mais encore à n'importe quelle créature de l'univers, de prendre garde à notre propre conservation et d'y veiller de toutes les manières, ce qui est précisément le contraire du suicide. Et, en dehors des autres preuves, ne sentons-nous pas que notre inclination naturelle nous fait haïr la mort, la craindre, en avoir horreur, même en dépit de nous-mêmes? Donc, puisque l'acte de se tuer est contraire à la nature, et y est contraire au point que nous le voyons, je ne saurais jamais me résoudre à croire que cet acte est permis.

PORPHYRE.

J'ai déjà considéré tout ce côté de la question, et, comme tu l'as dit, il est impossible qu'on ne l'aperçoive pas pour peu qu'on s'arrête à y penser. Il me semble qu'on peut répondre à tes raisons avec beaucoup d'autres : mais je m'efforcerai d'être bref. Tu doutes qu'il nous soit permis de mourir sans nécessité : je te demande s'il nous est permis d'être malheureux. La nature défend de se tuer. Il me paraîtrait étrange que, n'ayant pas la volonté ou le pouvoir de me rendre heureux ou exempt de misère, elle eût la faculté de m'obliger à vivre. Certes, si la nature a mis en nous l'amour de la conservation propre et la haine de la mort, elle ne nous a pas donné moins de haine pour l'infélicité et moins d'amour pour le bonheur : ces inclinations-ci sont même d'autant plus grandes que la félicité est la fin de tous nos actes, de tous nos désirs, de toutes nos haines. Comment donc peut-il être contraire à la nature que je fuie l'infelicité par le seul moyen que les hommes ont de la fuir, c'est-à-dire en m'enlevant au monde, puisque, tant que je suis vivant, je ne puis y échapper? Et comment serait il vrai que la nature me défendît de me tourner vers la mort, qui sans aucun doute est pour moi un état meilleur, et de repousser la vie qui m'est visiblement un dommage et un mal, puisqu'elle ne peut me servir qu'à souffrir et que c'est là le but où elle me mène en effet de toute nécessité?

PLOTIN.

De toute façon, tes paroles ne me persuadent pas qu'il n'est pas contre nature de se tuer soi-même : car nos sens ont un éloignement et une horreur trop manifeste pour la mort. Et nous voyons que les bêtes qui (si elles ne sont ni contraintes ni dénaturées par les hommes) agissent naturellement en toute chose, non seulement n'en viennent jamais à cet acte, mais encore, si tourmentées, si malheureuses qu'elles soient, s'en montrent très éloignées. Enfin ce n'est que parmi les hommes que l'on commet cet acte, et encore n'est-ce point parmi les nations qui ont une manière de vivre naturelle : car chez elles on ne trouvera personne qui n'abomine le suicide, si toutefois on en a l'idée : ce n'est que parmi nos générations altérées et corrompues, qui ne vivent pas selon la nature.

PORPHYRE.

Eh bien ! je consens à t'accorder que cette action est contraire à la nature, comme tu le veux. Mais que voudra dire cela, si nous ne sommes pas des créatures naturelles ? J'entends par là les hommes civilisés. Compare-nous, je ne dis pas aux êtres vivants de n'importe quelle autre espèce, mais à ces nations de l'Inde et de l'Ethiopie, qui, dit-on, conservent encore les coutumes primitives et sauvages et c'est à peine s'il te semblera possible qu'on puisse dire que ces hommes-ci et ces hommes-là sont de la même espèce. Et quant à cette sorte de transformation, quant à ce changement de vie et surtout d'âme, je tiens quant à moi pour certain que cela ne s'est pas produit sans un immense accroissement d'infélicité. Il est sûr que ces races sauvages ne sentent jamais le désir de finir leur vie et qu'il ne leur passe jamais par la tête que la mort se puisse désirer : au lieu que les hommes façonnés à notre mode et, comme nous disons, civilisés, la désirent très souvent et parfois se la procurent. Or, s'il est permis à l'homme civilisé de vivre contrairement à la nature, surtout quand nous ne pouvons nous délivrer que par la mort de cette infélicité nouvelle qui résulte pour nous de l'altération de notre état. Car pour ce qui est de retourner à l'etat primitif et à la vie désignée par la nature, cela serait bien difficile et peut être impossible pour l'extérieur : quant au moral, ce qui importe le plus, ce serait certainement impossible. Qu'y a-t-il de moins naturel que la médecine, je parle de celle qui s'exerce par les mains comme de celle qui opère par le moyen des remèdes ? En effet, toutes deux, la plupart du temps, dans les opérations qu'elles font, dans les matières, dans les instruments, dans les méthodes dont elles usent sont très éloignées de la nature, et tout à fait inconnues aux bêtes et aux hommes sauvages. Néanmoins, comme les maladies qu'elles cherchent à guérir sont également hors de la nature et n'ont lieu que par suite de la civilisation, c'est-à-dire de la corruption de notre état, ces actes, si peu naturels qu'ils soient, sont très opportuns, très nécessaires même et passent pour tels. De même, si cet acte, qui consiste à se tuer et qui nous delivre de l'infélicité causée par la corruption, est contraire à la nature, il ne s'en suit pas qu'il soit blâmable : à des maux non naturels il faut un remede non naturel. Ce serait chose dure et inique que la raison, qui pour nous rendre plus malheureux que nous ne le sommes naturellement, a coutume de contrarier la nature dans les autres cas, s'alliât dans celui-ci avec elle pour nous ôter cette extrême ressource qui nous reste, la seule que nous enseigne la raison elle-même, et pour nous contraindre à persévérer dans la misère.

Voici la vérité, Plotin. Cette nature primitive des hommes antiques et des nations sauvages et incultes n'est plus notre nature : mais l'habitude et la raison ont fait en nous une seconde nature, que nous avons et aurons toujours à la place de la nature primitive. Dans le principe, il n'était pas naturel à l'homme de se procurer la mort volontairement, mais il n'était pas naturel non plus de la désirer. Aujourd'hui, ces deux choses sont naturelles, c'est-à-dire conformes à notre nature nouvelle qui, tendant elle aussi et se mouvant nécessairement, comme l'antique, vers ce qui nous parait être notre bien, fait que nous désirons et cherchons souvent ce qui vraiment est le plus grand bien de l'homme, c'est-à-dire la mort. Et ce n'est pas étonnant : car cette seconde nature est gouvernée et dirigée en grande partie par la raison, qui affirme que la mort, loin d'être réellement un mal, comme le suggère l'impression primitive, est au contraire le remède le plus efficace pour nos maux, la chose la plus désirable pour les hommes, et la meilleure. Je demande donc : les hommes civilisés règlent-ils leurs autres actions d'après la nature primitive? Mais quelles actions et dans quels cas? Non : ils ne suivent pas la nature primitive, mais cette seconde nature ou, pour mieux dire, la raison. Pourquoi cet acte de s'enlever la vie devra-t-il seul être apprécié, non d'après la nature nouvelle ou la raison, mais d'après la nature primitive? Pourquoi la nature primitive, qui ne donne plus de lois à notre vie, devra-t-elle en donner à notre mort? Pourquoi la raison ne doit-elle pas gouverner la mort, puisqu'elle règle la vie? Et nous voyons qu'en fait, d'une part la raison, d'autre part les misères de notre état présent, non seulement éteignent, surtout chez les infortunés et chez les affligés, cette horreur innée de la mort, mais la changent en désir et en amour, comme je l'ai dit plus haut. Une fois que ce désir est né, qui, selon la nature, n'aurait pas pu naître, et qu'en même temps notre propre changement, que la nature n'a pas voulu, nous a entouré de misères, il serait manifestement contradictoire et absurde qu'il y eût place en outre pour une défense naturelle de se tuer. En voilà, je crois, assez pour ce qui est de savoir s'il est permis de se tuer soi-même. Reste à examiner si c'est utile.

PLOTIN.

Il n'est pas besoin que tu l'entreprennes, mon cher Porphyre : si cette action est permise, je ne doute pas qu'elle ne soit très utile, moi qui ne reconnaîtrai jamais qu'une action injuste et malhonnête puisse être de quelque utilité. La question, en somme, se réduit à ceci : lequel vaut le mieux, ne pas souffrir ou souffrir? Je sais bien que jouir et souffrir ensemble serait sans doute préféré de presque tous les hommes à un état où on ne souffrirait ni on ne jouirait : tant notre âme désire la jouissance, tant elle en a soif! Mais la question ne se pose pas en ces termes : car la jouissance et le plaisir, à dire vrai, sont aussi impossibles que la souffrance est inévitable. Et je parle d'une souffrance aussi continuelle que le sont le désir et le besoin de la jouissance et de la félicité, désir et besoin qui ne trouvent jamais satisfaction; je laisse de côté les souffrances particulières et accidentelles qui arrivent à chaque homme et qui sont également certaines, c'est-à-dire qu'elles doivent certainement se produire, plus ou moins, sous une forme ou sous une autre, même dans la vie la plus fortunée du monde. Et en vérité, une seule et brève souffrance, qu'on serait sûr de subir en continuant à vivre, serait suffisante, au point de vue de la raison, pour faire préférer la mort à la vie, puisqu'il ne peut se rencontrer dans notre vie ni un bien ni un plaisir véritable, ni, par conséquent, aucune compensation.

PORPHYRE.

Il me semble que l'ennui même et la privation de toute espérance d'améliorer son état et sa fortune, suffisent pour faire naître le désir de finir la vie, se trouvât-on exempt de malheur ou même dans une condition prospère. Je me suis souvent étonné que nulle part on ne fasse mention de princes qui aient voulu mourir seulement par ennui et par dégoût de leur état, comme les particuliers dont on lit, dont on entend conter chaque jour la mort volontaire. Tels étaient ceux qui entendaient Hégésias, philosophe cyrénaïque, débiter ses leçons sur la misère de la vie, sortaient de son école et allaient se tuer : aussi cet Hégésias fut-il surnommé *celui qui persuade de mourir*, et on dit, comme tu le sais, je crois, qu'à la fin le roi Ptolémée lui défendit de parler désormais de ce sujet. On trouve sans doute des princes, comme le roi Mithridate, Cléopâtre, le romain Othon et quelques autres peut-être, qui se sont tués eux-mêmes : mais ils y ont été décidés parce qu'ils se trouvaient dans le malheur et qu'ils voulaient fuir de plus grands maux. Or j'aurais cru que les princes devaient, plus facilement que les autres, haïr leur condition, se dégoûter de tout et désirer de mourir. Car, étant sur le sommet de ce qu'on appelle la félicité humaine, n'ayant à espérer que peu ou peut-être aucun des biens de la vie, ils ne peuvent se promettre un lendemain meilleur que le jour présent, et le présent, pour fortuné qu'il soit, est toujours triste et peu aimable : seul l'avenir peut plaire. Quoiqu'il en soit, nous pouvous reconnaître qu'à part la crainte des choses d'un autre monde, ce qui détourne les hommes d'abandonner la vie spontanément, ce qui les engage à l'aimer et à la préférer à la mort, n'est qu'une simple et manifeste erreur de calcul et de mesure, pour ainsi dire ; en d'autres termes une erreur dans la manière de calculer, de mesurer, de comparer entre eux les profits et les gains. Cette erreur a lieu, on pourrait le dire, autant de fois que chacun embrasse la vie, ou consent à vivre et s'en contente, soit par le jugement et la volonté, soit simplement en fait.

PLOTIN.

C'est vrai, mon cher Porphyre. Mais avec tout cela, laisse-moi te conseiller et même te prier de prêter l'oreille, en cette affaire, plutôt à la nature qu'à la raison ; et je parle de cette nature primitive, de notre mère, de la mère de l'univers. Sans doute elle a montré qu'elle ne nous aimait pas, elle nous a rendus malheureux : cependant elle nous a été moins ennemie et moins malfaisante que nous ne l'avons été nous mêmes envers nous par notre propre caractère, par notre curiosité incessante et démesurée, par nos spéculations, nos discours, nos songes, nos opinions, nos doctrines misérables, et, en particulier, elle s'est efforcée de remédier à notre infelicité en nous en cachant ou en nous en transfigurant la plus grande part. Et si grande que soit notre corruption, si diminuée que soit en nous la puissance de la nature, cependant cette nature n'est pas réduite à rien, et nous ne sommes point changés ni renouvelés au point qu'il ne reste en nous une grande partie de l'homme antique : quoiqu'en ait notre sottise, il ne pourra jamais en être autrement. Ce que tu appelles erreur de calcul, véritable erreur en effet, aussi grande que palpable, est commis continuellement, et non seulement par les gens stupides et idiots, mais par les gens intelligents, doctes et sages, et sera commis éternellement, à moins que notre race ne soit détruite, non plus par nos raisonnements et nos œuvres, mais par la nature elle-même, qui l'a créée. Et crois-moi : il n'est pas de dégoût de la vie, de désespoir, de sentiment du néant des choses, de la vanité de nos affaires, de la solitude de l'homme; il n'est pas de haine du monde et de soi-même, qui puisse durer beaucoup, quoique ces dispositions de l'âme soient très raisonnables et les dispositions contraires, absurdes. Cependant, au bout de peu de temps, les dispositions physiques changent légèrement, et peu à peu, souvent même tout d'un coup, par des causes minimes et presque impossibles à noter, on reprend goût à la vie, on sent naître telle ou telle espérance nouvelle; les choses humaines revêtent leur ancien aspect et ne se montrent plus indignes qu'on s'en occupe, non pour l'intelligence, mais, si l'on peut dire, pour le sens de l'âme. Cela suffit pour qu'un homme, tout informé, tout persuadé qu'il est de la vérité, continue à vivre malgré la raison et se conduit comme les autres : car c'est par ce sens, pour ainsi dire, et non par l'intelligence que nous sommes gouvernés.

Qu'il soit raisonnable de se tuer, qu'il soit contre la raison d'accommoder son âme à la vie, à coup sûr le suicide est un acte cruel et inhumain. Doit-on préférer, doit-on choisir d'être un monstre selon la raison, plutôt qu'un homme selon la nature? Et pourquoi ne tiendrions-nous pas compte aussi des amis, des parents, des fils, des frères, du père et de la mère, de l'épouse, des personnes familières et domestiques avec lesquelles nous avons coutume de vivre depuis longtemps, qu'il nous faut, en mourant, laisser pour toujours? Pourquoi ne sentirions-nous pas dans notre cœur quelque douleur de cette séparation? Pourquoi n'aurions-nous pas égard à ce que ces personnes éprouveront par la perte d'un ami cher et bien connu et par l'atrocité même de cet accident? Je sais que l'âme du sage ne doit pas être trop molle, qu'elle ne doit pas se laisser vaincre par la pitié et le regret : il ne faut pas qu'il soit bouleversé, qu'il tombe à terre, qu'il cède ou s'affaisse en homme vil, qu'il s'abandonne à des larmes immodérées, à des actes indignes de la fermeté de celui qui a pleine et claire connaissance de la condition humaine. Mais cette force d'âme doit être employée dans les événements tristes qui nous viennent de la fortune et qu'on ne peut éviter : il ne faut pas en abuser en se privant spontanément, pour toujours, de la vue, de l'entretien, du commerce des personnes chères. Tenir pour rien la douleur de la séparation, de la perte de ses parents, de ses intimes, de ses compagnons, ou être incapable d'éprouver une telle douleur, ce n'est pas d'un sage, mais d'un barbare. Ne point s'inquiéter d'affliger en se tuant ses amis et ses familiers, c'est ne point penser à autrui, c'est trop penser à soi. En vérité, celui qui se tue lui-même, n'a aucun souci des autres ; il ne cherche que sa propre utilité : il envoie promener, pour ainsi dire, et ses proches et tout le genre humain. Oui, dans cette action de se priver de la vie apparaît le plus franc, le plus sordide, le moins beau, le moins libéral amour de soi-même qui se trouve au monde.

Enfin, mon cher Porphyre, si les maux de la vie sont nombreux et continuels, cependant lorsque, comme chez toi, il ne s'y mêle pas d'infortunes et de calamités extraordinaires ou de douleurs physiques cruelles, ces maux ne sont pas malaisés à supporter, surtout pour un homme sage et fort comme tu l'es. Et la vie est chose de si peu de valeur, que l'homme, pour ce qui est de lui-même, ne devrait pas être trop inquiet ni de la garder ni de la laisser. Aussi, sans vouloir peser la chose trop curieusement, si léger que soit le motif qui s'offre de garder la vie plutôt que de la laisser, il ne devrait pas refuser de la garder. Et si un ami l'en prie, pourquoi ne l'écouterait-il pas? Or je te prie tendrement, mon cher Porphyre, au nom de nos longues années d'amitié, de ne pas causer cette grande douleur à tes bons amis, qui t'aiment de toute leur âme, et à moi à qui personne n'est plus cher, à qui nulle compagnie n'est plus douce. Aide-nous à souffrir la vie, plutôt que de nous abandonner ainsi sans t'inquiéter de nous. Vivons, mon cher Porphyre, et encourageons-nous l'un l'autre; ne refusons pas de porter la part des maux humains que le destin nous a assignée. Oui, tâchons de nous tenir compagnie l'un à l'autre, réconfortons-nous, donnons-nous la main, secourons-nous mutuellement, afin d'aller le mieux possible jusqu'au bout de cette fatigue de la vie. Sans doute elle sera courte; et quand la mort viendra, nous ne nous plaindrons pas : même à ce dernier moment nos amis et nos compagnons nous donneront de la force, et nous serons réjouis par la pensée qu'après notre disparition, ils se souviendront de nous souvent et nous aimeront encore.

XXIII

Dialogue d'un marchand d'almanachs et d'un passant.

UN MARCHAND.

Almanachs, almanachs nouveaux! Calendriers nouveaux!

UN PASSANT.

Des almanachs pour l'année nouvelle?

LE MARCHAND.

Oui, monsieur.

LE PASSANT.

Croyez-vous qu'elle sera heureuse, cette année nouvelle?

LE MARCHAND.

Oh! oui, illustrissime, bien sûr.

LE PASSANT.

Comme l'année passée ?

LE MARCHAND.

Beaucoup, beaucoup plus.

LE PASSANT.

Comme l'autre ?

LE MARCHAND.

Bien plus, illustrissime.

LE PASSANT.

Comme celle d'avant? Ne vous plairait-il pas que l'année nouvelle fût comme n'importe laquelle de ces dernieres années?

LE MARCHAND.

Non, monsieur, il ne me plairait pas.

LE PASSANT.

Combien d'années nouvelles se sont écoulées depuis que vous vendez des almanachs?

LE MARCHAND.

Il va y avoir vingt ans, illustrissime.

LE PASSANT.

A laquelle de ces vingt années voudriez-vous que ressemblât l'année qui vient?

LE MARCHAND.

Moi? je ne sais pas.

LE PASSANT.

Ne vous souvenez-vous d'aucune année en particulier qui vous ait paru heureuse?

LE MARCHAND.

Non, en vérité, illustrissime.

LE PASSANT.

Et cependant la vie est une belle chose. N'est-il pas vrai?

LE MARCHAND.

On sait cela.

LE PASSANT.

Ne consentiriez-vous pas à revivre ces vingt ans, et même tout le temps qui s'est écoulé depuis votre naissance?

LE MARCHAND.

Eh! mon cher monsieur, plût à Dieu que cela se pût!

LE PASSANT.

Mais si vous aviez à revivre la vie que vous avez vécue, avec tous ses plaisirs et toutes ses peines, ni plus ni moins?

LE MARCHAND.

Je ne voudrais pas.

LE PASSANT.

Et quelle autre vie voudriez-vous revivre? la mienne, celle d'un prince ou celle d'un autre? Ne croyez-vous pas que moi, le prince ou un autre, nous répondrions comme vous, et qu'ayant à recommencer la même vie personne n'y consentirait?

LE MARCHAND.

Je le crois.

LE PASSANT.

Ainsi, à cette condition, vous ne recommenceriez pas?

LE MARCHAND.

Non, monsieur, non vraiment, je ne recommencerais pas.

LE PASSANT.

Quelle vie voudriez-vous donc?

LE MARCHAND.

Je voudrais une vie faite comme Dieu me la ferait, sans autre condition.

LE PASSANT.

Une vie au hasard, dont on ne saurait rien d'avance, comme on ne sait rien de l'année nouvelle?

LE MARCHAND.

Précisément.

LE PASSANT.

Oui, c'est ce que je voudrais, si j'avais à revivre, c'est ce que voudrait tout le monde. Cela signifie qu'il n'est jusqu'à ce jour personne que le hasard n'ait traité mal. Chacun est d'avis que la somme du mal a été pour lui plus grande que celle du bien : personne ne voudrait renaître à condition de recommencer la même vie avec tous ses biens et tous ses maux. Cette vie qui est une belle chose n'est pas celle qu'on connaît, mais celle qu'on ne connaît pas, non la vie passé, mais la vie à venir. L'année prochaine, le sort commencera à bien nous traiter tous deux et tous les autres avec nous : ce sera le commencement de la vie heureuse. N'est-il pas vrai?

LE MARCHAND.

Espérons-le.

LE PASSANT.

Montrez-moi donc le plus beau de vos almanachs.

LE MARCHAND.

Voici, illustrissime. Il vaut trente sous.

LE PASSANT.

Voilà trente sous.

LE MARCHAND.

Merci, illustrissime. Au revoir. Almanachs! Almanachs nouveaux! Calendriers nouveaux!

XXIV

Dialogue de Tristan et d'un ami.

L'AMI.

J'ai lu votre livre : mélancolique, à votre habitude.

TRISTAN.

Oui, à mon habitude.

L'AMI.

Mélancolique, désolé, désespéré : on voit que cette vie vous paraît une grande vilaine chose.

TRISTAN.

Que vous dirai-je? j'avais été assez fou pour me mettre en tête que la vie humaine était malheureuse.

L'AMI.

Malheureuse, oui, peut-être. Mais enfin...

TRISTAN.

Non, non : très heureuse au contraire. Je viens de changer d'opinion. Mais quand j'écrivis ce livre, j'avais en tête quelque folie, comme je vous disais. Si grande était ma persuasion que je me serais attendu à tout plutôt qu'à mettre en doute les observations que je faisais à ce propos : je croyais que chacune d'elles devait être aussitôt confirmée par la conscience de chaque lecteur. On peut, me disais-je, discuter si de telles observations sont utiles ou nuisibles, mais non si elles sont vraies. Songeant à la communauté des maux, je pensais que mes lamentations auraient un écho dans tous les cœurs. On nia non seulement le détail, mais l'ensemble de mes observations. Non, me dit-on, la vie n'est pas malheureuse; si elle vous paraît telle, ce doit être l'effet de quelque infirmité ou de quelque misère particulière à vous. A ces mots je restai étonné, étourdi, immobile, pétrifié. Pendant plusieurs jours, je crus me trouver dans un autre monde. Je revins à moi. Je m'irritai un peu. Puis je me mis à rire et je me dis : Les hommes sont en général comme les maris. Si les maris veulent vivre tranquilles, il faut que chacun d'eux croie sa femme fidèle, et ainsi font-ils, même quand la moitié de la terre croirait le contraire. Qui veut ou doit vivre dans un pays, doit le croire l'un des meilleurs de la terre habitable, et le croit tel en effet. Comme tous les hommes veulent vivre, il convient qu'ils croient la vie belle et précieuse, et qu'ils s'irritent contre quiconque pense autrement. Car au fond le genre humain croit, non pas le vrai, mais ce qui est ou semble être le plus approprié à sa nature. Le genre humain, qui a cru et croira de si grosses sottises, ne croira jamais ni qu'il n'est rien, ni qu'il ne sera rien, ni qu'il n'a rien à espérer. Un philosophe qui enseignerait l'une de ces trois choses n'aurait point de succès, et ne ferait pas école, surtout dans le peuple : car, outre que toutes trois sont peu appropriées à qui veut vivre, les deux premières offensent la superbe des hommes, et la troisième (comme d'ailleurs les deux autres) veut pour être crue du courage et de la force d'âme. Et les hommes sont couards, débiles, d'âme basse et étroite, toujours enclins à bien espérer, parce qu'ils sont toujours attentifs à varier leurs opinions sur le bien, selon que la nécessité gouverne leur vie ; très prompts comme dit Pétrarque, à mettre bas les armes devant leur fortune, également prompts et résolus à se consoler de n'importe quelle mésaventure, à accepter n'importe quelle compensation de ce qui leur est refusé ou de ce qu'ils ont perdu, à s'accommoder dans toute condition de la plus inique et de la plus barbare fortune, et, quand ils sont privés de toutes les choses qu'on désire, à vivre de croyances fausses aussi gaillardement et aussi fermement que si elles étaient les plus vraies et les plus fondées du monde. Pour moi, je ris comme on rit dans l'Europe méridionale des maris amoureux de leurs femmes infidèles : je ris du genre humain amoureux de la vie. J'estime par trop peu viril de vouloir se laisser tromper et jouer comme des sots et d'ajouter aux maux qu'on souffre celui d'être la dérision de la nature et du destin. Je parle toujours des tromperies de la raison et non de celles de l'imagination. Mes sentiments naissent-ils de la maladie? je n'en sais rien. Je sais seulement que, malade ou non, je foule aux pieds la pusillanimité des hommes ; je refuse toute consolation et toute tromperie puérile ; j'ai le courage de supporter la privation de toute espérance, de regarder intrépidement le désert de la vie, de ne me dissimuler aucune partie de l'humaine infélicité et d'accepter toutes les conséquence d'une philosophie douloureuse, mais vraie. Cette philosophie, à défaut d'autre utilité, procure aux hommes forts la fière satisfaction de voir tous les voiles ôtés à la cruauté cachée et mystérieuse de la destinée humaine. En me disant ces choses, je croyais presque que cette philosophie douloureuse était de mon invention, à voir que tout le monde la réfutait comme on réfute les idées nouvelles et incomprises. Plus tard, en y réfléchissant, je me rappelai qu'elle n'était pas plus nouvelle que Salomon, qu'Homère, que les poètes et les philosophes les plus anciens qu'on connaisse, lesquels tous sont pleins de figures, de fables, de pensées ayant trait à l'extrême infélicité de l'homme. L'un dit que l'homme est le plus misérable des animaux ; l'autre, que le mieux est de ne pas naître, ou une fois né, de mourir au berceau ; ceux-ci, qu'il est cher aux Dieux celui qui meurt jeune ; ceux-là mille autres réflexions. Et même je me souviens que depuis ce temps-là jusqu'à hier ou avant-hier, tous les poètes, tous les philosophes, tous les écrivains grands et petits, d'une manière ou d'une autre, avaient répété ou confirmé les mêmes doctrines. Si bien que je me remis à m'émerveiller, et je passai beaucoup de temps à m'étonner, à m'irriter et à rire. Enfin, en étudiant plus profondément cette matière, je reconnus que l'infélicité de l'homme était une des erreurs invétérées de l'intelligence, et que la fausseté de cette opinion ainsi que la félicité de la vie était une des grandes découvertes du XIXe siècle. Alors je me tranquillisai, et je confesse que j'avais tort de croire ce que je croyais.

L'AMI.

Et vous avez changé d'opinion ?

TRISTAN.

Assurément. Voulez-vous que je contredise aux vérités découvertes par le dix-neuvième siècle?

L'AMI.

Et croyez-vous tout ce que croit le siècle?

TRISTAN.

Certainement. Quoi de merveilleux?

L'AMI.

Vous croyez donc à la perfectibilité indéfinie de l'homme?

TRISTAN.

Sans doute.

L'AMI.

Croyez-vous qu'en fait l'espèce humaine aille chaque jour s'améliorant?

TRISTAN.

Oui vraiment. Il est bien vrai que parfois je pense que les anciens valaient, pour la force du corps, chacun quatre de nous. Et le corps, c'est l'homme. Car (en laissant de côté tout le reste) la magnanimité, le courage, les passions, la puissance d'agir, la puissance de jouir, tout ce qui rend la vie noble et vivante, dépend de la vigueur du corps et ne peut avoir carrière sans elle. Un homme qui est faible de corps n'est pas un homme, mais un enfant, et pis encore : son sort est de rester là à voir vivre les autres. Pour lui, c'est tout au plus s'il peut bavarder : la vie n'est pas pour lui. Aussi dans l'antiquité, et même dans des siècles plus civilisés, la faiblesse du corps fut-elle ignominieuse. Mais chez nous, depuis longtemps déjà, l'éducation ne daigne pas songer au corps, chose trop basse et trop abjecte. Elle pense à l'âme, et, en voulant cultiver l'âme, elle ruine l'âme à son tour. Et, en admettant qu'on pût remédier en cela à l'éducation, on ne pourrait jamais, sans changer radicalement l'état moderne de la société, trouver un remède qui eût de l'efficacité pour les autres partie de la vie privée et publique, qui toutes en elles-mêmes conspirèrent dans l'antiquité à perfectionner ou à conserver le corps, et conspirent aujourd'hui à le dépraver. Aussi, en comparaison des anciens, nous ne sommes guère que des enfants, et l'on peut dire plus que jamais que les anciens, au prix de nous, furent des hommes. Je parle autant des individus comparés aux individus que des masses comparées aux masses, pour employer cette gracieuse expression moderne. J'ajoute que les anciens furent incomparablement plus virils que nous, même dans les systèmes de morale et de métaphysique.

Cependant je ne me laisse pas émouvoir par de si petites objections : je crois fermement que l'espèce humaine va toujours s'améliorant.

L'AMI.

Vous croyez encore, cela s'entend, que le savoir, ou, comme on dit, les lumières s'accroissent continuellement.

TRISTAN.

Certainement. Pourtant je vois que plus s'accroit la volonté d'apprendre, plus s'affaiblit celle d'étudier. Et c'est une chose merveilleuse que de compter le nombre des savants, mais des vrais savants, qui vivaient il y a cent cinquante ans et plus tard encore, et de voir combien ce nombre était démesurément plus grand qu'il ne l'est aujourd'hui. Qu'on ne me dise pas que les savants sont moins nombreux parce qu'en général les connaissances ne sont plus accumulées dans quelques individus, mais divisées entre beaucoup, ni que l'abondance de ceux-ci compense la rareté de ceux-là. Les connaissances ne sont pas comme les richesses qui, divisées ou agglomérées, font toujours la même somme. Là où tout le monde sait un peu, on sait fort peu, parce que la science marche avec la science et ne peut s'éparpiller. L'instruction superficielle peut être, non pas précisément divisée entre beaucoup d'hommes, mais commune à beaucoup d'ignorants. Le reste du savoir n'appartient qu'aux savants et surtout aux très-savants. Et sauf les cas fortuits, un seul homme très savant et possesseur individuellement d'un immense capital de connaissances est capable d'accroître sérieusement et de guider le savoir humain. Aujourd'hui si l'on excepte peut-être l'Allemagne, d'où la science n'a encore pu s'envoler, ne vous semble-t-il pas que l'apparition de ces hommes très savants devienne de jour en jour moins possible? Mais si je fais ces réflexions, c'est pour discourir, pour philosopher un peu ou peut être pour faire le sophiste; ce n'est certes pas que je ne sois persuadé de ce que vous dites. Au contraire, quand même je verrais le monde tout rempli d'un côté d'imposteurs ignorants, de l'autre d'ignorants présomptueux, je n'en croirais pas moins, comme je le crois, que le savoir et les lumières grandissent continuellement.

L'AMI.

En conséquence, vous croyez que ce siècle est supérieur à tous les siècles passés.

TRISTAN.

Assurément. Ainsi l'ont cru d'eux-mêmes tous les siècles, même les plus barbares : ainsi le croit mon siècle, ainsi le crois-je avec lui. Si maintenant vous me demandez en quoi il est supérieur aux autres siècles, tant au physique qu'au moral, je vous renverrai aux choses déjà dites.

L'AMI.

En sommes, pour tout résumer en deux mots, pensez-vous maintenant au sujet de la nature et des destinées des hommes et des choses (puisque nous ne parlons pour ce moment ni de littérature ni de politique), pensez-vous, dis-je, ce que pensent les journaux?

TRISTAN.

Précisément. Je crois et je m'attache à la profonde philosophie des journaux, lesquels, en tuant toute autre littérature et toute autre étude, surtout l'étude sévère et ennuyeuse, sont les maîtres et la lumière de l'âge présent. N'est-il pas vrai?

L'AMI.

Très vrai. Si vous ne plaisantez pas, si vous parlez sérieusement, vous voilà des nôtres.

TRISTAN.

Oui, certes; je suis des vôtres.

L'AMI.

Mais que ferez-vous de votre livre? Voulez-vous qu'il aille à la postérité rempli de sentiments aussi contraires à vos opinions d'aujourd'hui?

TRISTAN.

A la postérité? Je ris, parce que vous badinez, et si par hasard vous ne badiniez pas, je rirais bien davantage. Sans parler de moi, sachez bien que relativement aux individus et aux choses individuelles du xix° siècle, il n'y a point lieu de craindre la postérité qui en saura tout autant qu'en ont su les ancêtres. « Les individus ont disparu devant les masses, » disent élégamment les penseurs modernes. Ce qui veut dire qu'il est inutile que l'individu prenne aucun souci, puisque, quel que soit son mérite, il n'a même plus à espérer, ni éveillé ni rêvant, cette misérable récompense de la gloire. Laissez faire les masses : mais, étant composées d'individus, que feront-elles sans les individus? Les gens habiles à comprendre les individus et les masses, ces habiles qui éclairent le monde, me l'expliqueront; je le désire et l'espère. Mais pour en revenir aux livres et à la postérité, les livres aujourd'hui s'écrivent pour la plupart en moins de temps qu'il n'en faut pour les lire; et de même qu'ils coûtent ce qu'ils valent, de même ils durent en proportion de ce qu'ils coûtent. Pour moi, je crois que le siècle à venir effacera bien des pages de l'immense bibliographie du xix° siècle. Ou bien il dira : J'ai des bibliothèques entières de livres qui ont coûté les uns vingt, les autres trente années de fatigues, quelques-uns moins, mais tous un immense travail. Lisons d'abord ceux-ci, parce qu'il est vraisemblable qu'on en retire une plus grande utilité; et quand je n'en aurai plus à lire de cette sorte, alors je toucherai aux livres improvisés. Mon ami, ce siècle est un siècle d'enfants, et le petit nombre d'hommes qui reste se doit aller cacher par vergogne, comme celui qui marchait droit en pays de boiteux. Et ces bons enfants veulent faire en toute chose ce qu'en d'autres temps les hommes ont fait, et le faire en vrais enfants, c'est-à-dire tout d'un coup, sans aucune fatigue préparatoire. Ils veulent même que le progrès de la civilisation et le caractère de l'âge présent et de l'âge à venir les exemptent à jamais, eux et leurs successeurs, de toutes les sueurs et des longues fatigues nécessaires pour devenir aptes aux choses. J'entendais dire, il y a peu de jours, à un mien ami, un homme d'affaires pratique, que même la médiocrité est devenue très rare; presque tous sont ineptes, presque tous sont insuffisants pour les devoirs ou les exercices auxquels la nécessité, la fortune ou leur choix les a destinés. C'est en partie, je crois, ce qui fait que ce siècle diffère des autres. Dans tous les autres, comme dans celui-ci, la grandeur a été très rare; mais dans tous les autres, c'est la médiocrité qui a dominé : dans celui-ci, c'est la nullité. Tous veulent être tout, et il en résulte une telle rumeur et une telle confusion, qu'on ne fait aucune attention aux rares grands hommes qui, je crois, existent pourtant, et ceux-ci, au milieu de l'immense multitude des concurrents, ne peuvent plus se frayer un chemin. Ainsi, comme tous les infimes se croient illustres, l'obscurité et les échecs deviennent le sort commun et des infimes et des grands. Mais vive la statistique! Vivent les sciences économiques, morales et politiques, les encyclopédies portatives, les manuels et les si belles créations de notre siècle! et vive toujours le XIXe siècle! Pauvre peut-être de choses, mais très riche et très fertile en paroles; ce qui fut toujours, comme vous savez, le meilleur signe. Et consolons-nous en pensant que pendant soixante-six ans encore ce siècle sera le seul qui parle et qui dise ses raisons.

L'AMI.

Vous parlez, à ce qu'il me semble, un peu ironiquement. Mais enfin vous devriez au moins vous souvenir que ce siècle est un siècle de transition.

TRISTAN.

Et qu'en concluez-vous? Tous les siècles ont été et seront plus ou moins des siècles de transition; car la société humaine ne s'arrête jamais, et il n'y aura jamais de siècle où elle atteigne à un état stable et durable; si bien que cette belle parole ou n'est pas une excuse pour le XIXᵉ siècle ou lui est une excuse commune avec tous les siècles. Il reste à chercher où mène la route que suit aujourd'hui la société, c'est-à-dire si la transition qui se fait aujourd'hui est du bien au meilleur ou du mal au pire. Peut-être voulez-vous me dire que la transition présente est la transition par excellence, c'est-à-dire le passage rapide d'un état de civilisation à un autre bien différent du précédent. Auquel cas, je demande la permission de rire de ce passage rapide, et je réponds que seules les transitions sont bonnes qui sont faites lentement; car si elles se font tout d'un coup, on ne tarde pas à revenir en arrière, pour refaire le même chemin pas à pas. C'est ce qui est toujours arrivé. La raison en est que la nature ne va point par sauts, et qu'en forçant la nature, on ne fait point de choses qui durent. Ou bien, pour mieux dire, des transitions si précipitées ne sont qu'apparentes et n'ont rien de réel.

L'AMI.

Je vous prie, ne tenez pas de semblables propos devant trop de personnes; vous vous feriez beaucoup d'ennemis.

TRISTAN.

Peu importe. Désormais ni amis ni ennemis ne me feront grand mal.

L'AMI.

Il est plus que probable que vous serez méprisé comme comprenant peu la philosophie moderne, et comme peu soucieux du progrès de la civilisation et des lumières.

TRISTAN.

J'en suis bien fâché, mais que faire? Si on me méprise, je chercherai à m'en consoler.

L'AMI.

Mais enfin, avez-vous changé d'opinion, oui ou non? Et que faire de votre livre?

TRISTAN.

Le brûler est le mieux. Si on ne veut pas le brûler, qu'on le garde comme un livre de rêves poétiques, d'inventions et de caprices mélancoliques, ou comme une expression de l'infélicité de l'auteur; car en confidence, mon cher, je vous crois heureux et je crois tous les autres heureux; mais pour ce qui est de moi, avec votre permission et celle du siècle, je suis très malheureux, et je me crois tel, et tous les journaux du monde ne me persuaderont pas le contraire.

L'AMI.

Je ne connais pas la cause de cette infélicité que vous dites. Mais si quelqu'un est heureux ou malheureux, nul n'en est juge, excepté la personne elle-même, dont le jugement ne peut être erroné.

TRISTAN.

C'est très vrai. Et de plus je vous dirai franchement que je ne me soumets pas à mon malheur, que je ne courbe pas la tête devant mon destin et que je ne pactise pas avec lui, comme font les autres hommes ; j'ose désirer la mort, et la désirer par-dessus toute chose avec une telle ardeur et une telle sincérité qu'il est au monde, je le crois fermement, bien peu d'hommes qui la désirent de la sorte. Je ne vous parlerais pas ainsi, si je n'étais bien certain que, l'heure venue, le destin ne démentira pas mes paroles ; car, bien que je ne voie encore aucune issue à ma vie, j'ai cependant un sentiment intérieur qui m'assure, pour ainsi dire, que l'heure que je dis n'est pas éloignée. Je suis trop mûr pour la mort, et, étant mort moralement comme je le suis, quand la comédie de la vie est finie pour moi en tout point, il me paraît trop absurde et trop incroyable que je doive durer encore les quarante ou cinquante années dont me menace la nature. La seule pensée d'une telle chose m'épouvante. Mais, comme il advient de tous les maux qui surpassent la force de l'imagination, celui-là me paraît un songe et une illusion dont la réalisation est impossible. Si même

quelqu'un me parle d'un avenir lointain comme
d'une chose qui m'appartienne, je ne puis m'empêcher de sourire en moi-même, tant j'ai confiance
que la vie qui me reste à remplir n'est pas longue.
Voilà, je puis le dire, la seule pensée qui me soutienne. Les livres et les études, que souvent je
m'étonne d'avoir tant aimés, les grands desseins,
les espérances de gloire et d'immortalité sont
choses dont le temps est passé de rire ; aussi ne
ris je point des desseins et des espérances des
hommes de mon temps ; je leur désire, de toute
mon âme, le meilleur succès possible, et je loue,
j'admire et j'honore sincèrement la bonne volonté ; mais je n'envie pas nos descendants ni ceux
qui ont encore à vivre longuement. En d'autres
temps, j'ai envié les fous et les sots, et ceux qui
ont une grande opinion d'eux-mêmes, et j'aurais
volontiers changé avec n'importe qui d'entre eux.
Aujourd'hui je n'envie plus ni les fous ni les
sages, ni les grands ni les petits, ni les faibles
ni les puissants : j'envie les morts, et ce n'est
qu'avec les morts que je changerais. Toutes les
imaginations séduisantes, toutes les pensées d'avenir que je forme dans ma solitude et avec lesquelles je consume le temps, toutes consistent
dans la mort, et je ne sais pas sortir de là. Et,
dans ce désir, ni le souvenir des songes du premier âge, ni la pensée d'avoir vécu vainement ne
me troublent comme jadis. Si j'obtiens la mort,

je mourrai aussi tranquille et aussi content que si je n'avais jamais eu au monde nulle autre espérance et nul autre désir. Tel est le seul bienfait qui puisse me réconcilier avec la destinée. Si on me proposait d'un côté la fortune et la renommée de César ou d'Alexandre pure de toute tache, et de l'autre de mourir aujourd'hui, et s'il me fallait choisir, je dirais : mourir aujourd'hui, et je ne demanderais point de temps pour m'y résoudre.

PENSÉES

I

Je me suis longtems refusé à tenir pour vraies les choses que je vais dire : outre que ma nature était trop éloignée de ces choses et que l'esprit tend toujours à juger les autres d'après lui-même, mon inclination n'a jamais été de haïr les hommes, mais de les aimer. Enfin l'expérience m'a persuadé, presque violemment, et les lecteurs qui se trouveront avoir longtemps et diversement pratiqué les hommes, avoueront, j'en suis sûr, que ce qu'ils vont lire est la vérité : les autres le tiendront pour exagéré tant que l'expérience de la société, si jamais ils ont l'occasion de l'acquérir, ne le leur aura pas mis sous les yeux.

Je dis que le monde est une ligue de fripons contre les honnêtes gens, des hommes vils contre les hommes généreux. Quand deux fripons se trouvent ensemble pour la première fois, ils se reconnaissent aisément et comme par signes et s'accordent aussitôt, ou si leur intérêt s'oppose à cet accord, ils éprouvent certainement de l'inclination l'un pour l'autre et se tiennnent en grande estime. Si un fripon fait des contrats et des affaires avec d'autres fripons, il arrive souvent qu'il se comporte loyalement et ne les trompe pas ; si c'est avec des gens honorables, il est impossible qu'il ne leur manque pas de parole et qu'il ne cherche pas à les ruiner à son profit, même si ce sont des personnes courageuses et capables de se venger : c'est qu'il espere de vaincre leur bravoure par ses ruses et cela lui arrive presque toujours. J'ai vu plusieurs fois des hommes très peureux, qui se trouvaient entre un coquin plus peureux qu'eux et un honnête homme plein de courage : ils embrassaient par peur le parti du coquin. C'est même presque toujours le cas des âmes ordinaires. En effet, les voies de l'homme courageux et honnête sont presque toujours les mêmes : celles du coquin sont cachées et infiniment variées. Or, comme chacun sait, ce qui est inconnu fait toujours plus de peur que ce qui est connu. On se garde aisément de la vengeance des personnes généreuses : la lâcheté même et la peur en préservent : mais il n'est point de peur ni de lâcheté qui puisse préserver des persécutions secrètes, des embûches ni des coups, même découverts, qui viennent d'ennemis vils. En général, dans la vie quotidienne, le vrai courage est fort peu craint : dépourvu de toute imposture, il manque de cet appareil qui rend les choses épouvantables. Souvent on n'y croit pas, tandis que les coquins sont craints même à titre de gens courageux parce que leur imposture fait que souvent ils passent réellement pour tels.

Il est rare que les coquins soient pauvres. Si un homme de bien tombe dans la pauvreté, personne ne le secourt et beaucoup s'en réjouissent; mais si un coquin devient pauvre, toute la cité se lève pour l'aider. La raison en est facile à comprendre : c'est que nous sommes naturellement touchés des mésaventures de quinconque est notre compagnon et notre semblable : il semble que ce soit autant de menaces pour nous-mêmes, et nous y remédions volontiers quand nous le pouvons, parceque, si nous les négligions, nous paraîtrions consentir intérieurement à être traités de même en pareille circonstance. Or les méchants, qui sont les plus nombreux et les plus opulents, se considèrent chacun comme compagnon et comme camarade, même s'ils ne se connaissent pas de vue, et se sentent obligés à se secourir dans le besoin, à cause de cette sorte de ligue qu'ils forment. Il leur semble scandaleux qu'un homme connu pour méchant soit vu dans la misère : parce que le monde qui en parle, honore la vertu, appelle cette misère un châtiment, ce qui déconsidère tous les méchants et leur porte préjudice. Aussi s'emploient-ils si efficacement à supprimer de tels scandales qu'on voit peu d'exemples de coquins, qui, s'ils ne sont tout à fait obscures, une fois tombés dans la mauvaise fortune, ne raccommodent leurs affaires d'une manière supportable.

Au contraire, les hommes bons et magnanimes, qui diffèrent de la généralité, en sont regardés comme des créatures d'une autre espèce. On ne les tient pas pour des compagnons; on estime qu'ils ne participent pas aux droits sociaux et on les présente comme on le voit tous les jours, plus ou moins cruellement selon le degré de bassesse et de méchanceté du temps et du peuple où ils vivent. Dans le corps des animaux, la nature tente toujours à se venger des humeurs et des principes qu'elle ne peut assimuler à ses éléments constitutifs : de même, dans les agrégations d'hommes nombreuses, la nature tend à détruire ou à expulser quiconque diffère grandement de l'universalité de ces hommes, surtout si cette différence va jusqu'à être une contrariété. On sait aussi les hommes bons et généreux parce que d'ordinaire ils sont sincères et appellent les choses par leur nom : c'est une faute que ne pardonne pas le genre humain : il ne hait jamais tant celui qui fait le mal, ni le mal lui-même, que celui qui le nomme. Souvent, si on fait le mal, on obtient richesses, honneurs, puissance ; si on le nomme, on se met au pilori. Car les hommes sont tout prêts à souffrir n'importe quoi des hommes et du ciel, pourvu qu'en paroles ils en soient préservés.

II

Parcourez la vie des hommes illustres et si vous examinez ceux qui sont tels, non par leurs écrits mais par leurs actions, vous aurez de la peine à en trouver quelques-uns de vraiment grands à qui leur père n'ait pas manqué dans le premier âge. D'abord celui dont la famille a de quoi vivre et dont le père est vivant n'a pas d'ordinaire d'argent à sa disposition et par conséquent ne peut rien : d'autant plus qu'étant riche en expectative il ne songe pas à acquérir du bien par son activité propre, ce qui pourrait être une occasion de grandes actions : ceux qui ont fait de grandes choses ont été en général ou riches ou à leur aise dès le début. Mais, d'autre part, la puissance paternelle, chez toutes les nations qui ont des lois, comporte une espèce d'esclavage des enfants, qui, pour être domestique, n'en est pas moins étroit ni moins sensible, et qui, si tempéré qu'il soit par le code, par les mœurs publiques, ou par le caractère même des personnes, ne manque jamais de produire un effet désastreux. Il crée en l'homme un sentiment qu'il porte perpétuellement en lui-même, tant que son père vit, et qui est confirmé par l'opinion qu'il inspire visiblement et nécessairement à la foule. Je parle d'un sentiment de sujétion et de dépendance : on sent qu'on ne dispose pas librement de soi, qu'on n'est pas, pour ainsi dire, une personne entière, mais une partie, un membre d'une personne, et que notre nom appartient plus à autrui qu'à nous. Ce sentiment est plus profond chez ceux qui seraient les plus capables d'agir, parce qu'ils sont plus éveillés, plus sensibles, plus prompts à voir quelle est réellement leur condition, et il est impossible qu'il s'accorde, je ne dis pas avec les grandes actions, mais même avec les grands desseins. La jeunesse se passe ainsi. C'est à quarante ou cinquante ans que l'homme se sent pour la premiere fois maître de lui, et il est inutile de dire qu'il n'éprouve plus le désir d'agir, et que, s'il l'éprouvait, il n'aurait plus ni ardeur, ni force, ni temps. Là aussi, on voit qu'on ne peut avoir au monde aucun bien qui ne soit accompagné de maux dans la même mesure : car l'avantage inappréciable de marcher dans sa jeunesse derrière un guide expérimenté et tendre, comme seul peut l'être un père, est compensé par une sorte d'anéantissement de la jeunesse et de la vie.

III

La sagesse économique de ce siècle peut se mesurer par la vogue des éditions qu'on appelle compactes : on y emploie peu de papier et on y use ses yeux. Sans doute, pour justifier cette parcimonie de papier, on peut alléguer que l'usage du siècle est d'imprimer beaucoup et de ne rien lire. C'est à cet usage qu'il faut rapporter l'abandon des caractères ronds, qu'on employait communément en Europe dans les siècles passés, et la substitution des caractères allongés imprimés sur papier lustré : choses belles à voir et désastreuses pour les yeux, mais bien naturelles en un temps où on imprime des livres pour les voir, non pour les lire.

IV

Ce qui suit n'est pas une pensée, mais une annecdote, que je place ici pour la distraction du lecteur. Un de mes amis, ou plutôt le compagnon de ma vie, Antonio Ranieri, jeune homme qui, s'il vit et si les hommes n'arrivent pas à rendre inutiles les dons qu'il tient de la nature, sera bientôt suffisamment désigné par la seule mention de son nom, habitait avec moi à Florence en 1831. Un soir d'été, il longeait la rue Buia, quand près de la place du dôme, sous une fenêtre de rez-de-chaussée du palais qui appartient aujourd'hui aux Riccardi, il vit un grand nombre de personnes arrêtées qui criaient toutes épouvantées : « Oh ! le fantôme ! » Il regarda par la fenêtre dans une chambre qui n'était éclairée que par le réverbère de la rue, et vit comme une ombre de femme qui agitait les bras, tandis que son corps était immobile. Mais il avait d'autres pensées en tête, il passa outre et ni ce soir-là ni le lendemain ne se souvint de cette rencontre. Pourtant, un autre soir, à la même heure, il repassa dans le même endroit, y trouva une foule plus nombreuse que la première fois et l'entendit répéter avec la même terreur : « Oh ! le fantôme ! » Il regarda par la fenêtre et revit la même ombre qui remuait toujours les bras sans faire d'autre mouvement. La fenêtre n'était guère qu'à une hauteur d'homme au-dessus du sol. Une sorte de sbire dit dans la foule : « Si j'avais quelqu'un qui voulût me prêter ses épaules, je grimperais là pour voir ce qu'il y a dedans. » « Si vous me prêtez les vôtres, j'y monte, » repartit Ranieri. « Montez, » dit l'homme. Ranieri monta et trouva près de la grille de la fenêtre, étendu sur le dos d'une chaise, un tablier noir, qui, agité par le vent, offrait cette apparence de bras qui se remuent. Sur la chaise, appuyé au même dossier, était un rouet, qui formait la tête du fantôme. Ranieri prit ce rouet et le montra au peuple qui se dispersa en riant beaucoup.

A quoi bon cette histoire? je l'ai dit : à distraire le lecteur. Je soupçonne en outre qu'il n'est peut-être pas inutile à la critique historique et à la philosophie de savoir qu'au XIX° siècle au beau milieu de Florence, qui est la ville la plus éclairée d'Italie et où en particulier le peuple est le plus intelligent et le plus civilisé, on voit des fantômes, qu'on prend pour des esprits, et que ces fantômes sont des rouets à filer. Et les étrangers feront bien de ne pas sourire, comme ils font à propos de nos affaires : car il est connu qu'aucune des trois grandes nations qui, disent les journaux, *marchent à la tête de la civilisation*, (1) ne croit moins aux esprits que la nation italienne.

V

Dans les choses obscures, c'est le petit nombre qui y voit le mieux; dans les choses claires, c'est le grand nombre. Il est absurde d'alléguer dans les questions métaphysiques ce qu'on appelle le consentement des peuples, dont on ne fait aucun cas dans les choses physiques et soumises aux sens, par exemple dans la question du mouvement de la terre et dans mille autres. Au contraire, il est

* En français dans l'original.

téméraire, périlleux, et, à la longue, inutile de s'opposer à l'opinion du grand nombre dans les choses politiques.

VI

La mort n'est pas un mal : car elle délivre l'homme de tous les maux, et, avec les biens, elle lui enlève les désirs. La vieillesse est un très grand mal : car elle prive l'homme de tous les plaisirs, en lui laissant tous les désirs, et elle apporte avec elle toutes les douleurs. Néanmoins, les hommes craignent la mort et désirent la vieillesse.

VII

Il y a, chose étrange à dire, un dédain de la mort qui est plus abject et plus méprisable que la peur : tel est le courage des négociants et des autres hommes en quête d'argent, qui souvent, même pour des gains minimes et pour de sordides économies, se refusent à prendre les précautions les plus nécessaires et s'exposent à des périls extrêmes où, vils héros, ils trouvent parfois une mort peu louable. On a vu des exemples remarquables de ce courage ignominieux, qui a amené la perte de peuples innocents, à l'occasion de la peste, appelée plus ordinairement cholera-morbus, qui a décimé l'espèce humaine dans ces dernières années.

VIII

Une des erreurs graves où tombent journellement les hommes est de croire qu'on garde leur secret, non seulement quand il s'agit de confidences, mais quand, à leur insu ou malgré eux, ils ont laissé connaître des choses qu'il leur conviendrait de tenir cachées. Or, je dis que vous vous trompez chaque fois que, sachant qu'une de vos affaires est connue d'un autre, vous ne tenez pas pour certain qu'elle est connue du public, quel que soit le dommage ou la honte qui puisse en résulter pour vous. C'est à grand'peine que leur intérêt personnel empêche les hommes de dire un secret. Si un autre est en cause, personne ne se tait. Voulez-vous vous en assurer? Examinez-vous vous-même et voyez combien de fois la crainte de déplaire ou de nuire à un autre ou de le faire rougir, vous a empêché de découvrir ce que vous savez, je ne dis pas à beaucoup de gens, mais à tel ou tel ami, ce qui revient au même. Dans l'état social, il n'est pas de plus grand besoin que de bavarder : c'est le principal moyen de passer le temps, et passer le temps est une des premières nécessités de la vie. Or, les sujets de babillage les plus rares sont ceux qui éveillent la curiosité et chassent l'ennui : c'est ce que font les histoires mystérieuses et nouvelles. Prenez donc cette règle : ce que vous ne voulez pas qu'on sache, non seulement ne le dites pas, mais ne le faites pas. Quant à ce que vous ne pouvez ou n'avez pu empêcher, soyez certain que cela se sait, quand même vous ne vous en apercevriez pas.

IX

Si, contre l'opinion d'autrui, nous avons prédit qu'une chose arrivera comme en effet elle arrive, ne croyons pas que nos contradicteurs, à la vue du fait, nous donnent raison et nous appellent plus sages ou plus intelligents qu'eux. Non : ils nieront le fait ou la prédiction, ou bien ils allégueront telle ou telle différence dans les circonstances, ou encore ils trouveront des motifs de se persuader, à eux et aux autres, que leur opinion était juste et la nôtre fausse.

X

Nous sommes assurés que la plupart des personnes à qui nous confions l'éducation de nos fils sont elles-mêmes sans éducation, et nous ne doutons pas qu'elles ne puissent donner ce qu'elles n'ont pas reçu et ce qui ne peut s'acquérir autrement.

XI

Il est un siècle qui a la prétention de tout refaire dans les arts et dans les sciences, sans parler du reste, et cela parce qu'il ne sait rien faire.

XII

Avec peine et fatigue, ou du moins après beaucoup d'attente, on acquiert un bien. Voit-on un autre acquérir le même bien facilement et vite? En fait, on ne perd rien de ce qu'on possède : néanmoins, c'est naturellement une chose odieuse, parce que l'imagination amoindrit le bien obtenu s'il devient commun à qui pour l'obtenir n'a ni dépensé ni souffert. Ainsi, l'ouvrier de la parabole évangélique se plaint, comme d'un tort qui lui est fait, de ce qu'on paie autant que lui ceux qui ont travaillé moins; et, dans certains ordres, les moines ont l'habitude de traiter les novices avec toute sorte de rigueurs, de peur qu'ils n'arrivent sans ennuis à l'état où eux-mêmes sont arrivés péniblement.

XIII

C'est une belle et aimable illusion que celle des anniversaires. L'événement dont il s'agit n'a eu réalité pas plus à faire avec ce jour-là qu'avec un autre dans l'année, et on y croit voir un rapport particulier : une ombre du passé renait et revient dans de tels jours pour se placer devant nos yeux. C'est un adoucissement pour la triste pensée de l'anéantissement de ce qui fût ; c'est un soulagement pour la douleur de tant de pertes : on dirait que ces retours annuels font que ce qui est passé à jamais n'est ni éteint ni perdu tout à fait. Quand on se trouve dans des lieux où se sont passées des choses mémorables en soi ou par rapport à nous et qu'on dit : « C'est ici que c'est arrivé, » on se croit, pour ainsi dire, plus voisin de ces événements que quand on se trouvait dans d'autres lieux : de même quand on dit : « Aujourd'hui, il y a un an, » ou : « Il y a tant d'années que telle chose advint, » cette chose nous semble plus présente ou moins éloignée que dans les autres jours. Une telle imagination est si enracinée dans l'homme, qu'on a peine à croire que le jour anniversaire est aussi étranger au fait qu'il rappelle que n'importe quel autre. Aussi, la célébration annuelle des anniversaires importants, religieux ou laïques, publics ou particuliers, des jours de naissance ou de mort des personnes chères, est et fut toujours commune aux nations qui possèdent des monuments et des calendriers. Et j'ai remarqué, en interrogeant à ce sujet plusieurs personnes, que les hommes sensibles et accoutumés à la solitude ou aux entretiens intimes, observent avec plus de soin les anniversaires, et vivent, pour ainsi dire, de ces commémorations : ils y reviennent sans cesse et disent en eux-mêmes : « Ce jour-ci de l'année, telle ou telle chose m'arriva. »

XIV

Quel malheur ce serait pour les instituteurs et surtout pour les parents, s'ils pensaient, ce qui est la vérité, que leurs fils, même doués d'un bon naturel, en dépit des efforts et de l'argent consacré à l'éducation, rien que par l'usage du monde, si la mort ne le prévient, deviendront indubitablement méchants! Voilà une réponse plus forte et plus raisonnable que celle de Thalès à Solon, qui lui demandait pourquoi il ne se mariait pas. Thalès montra les inquiétudes que donnent aux parents les souffrances et les périls de leurs enfants. Oui, il serait plus fort et plus raisonnable de s'excuser en disant qu'on ne veut pas augmenter le nombre des méchants.

XV

Chilon, l'un des sept sages de la Grèce, voulait que l'homme vigoureux de corps fût doux de manières, afin, disait-il, d'inspirer aux autres plus de respect que de crainte. L'affabilité, la douceur et presque l'humilité ne sont jamais superflues chez ceux qui sont manifestement supérieurs aux autres en beauté, en esprit ou en quelque autre qualité très désirée dans le monde : car le crime qu'ils ont à se faire pardonner est trop grave et l'ennemi qu'ils ont à apaiser est trop cruel : leur crime, c'est leur supériorité ; leur ennemi, c'est l'envie. Quand les anciens se trouvaient dans un état de grandeur ou de prospérité, ils croyaient qu'il fallait apaiser l'envie même chez les Dieux, et ils expiaient par des humiliations, des offrandes et des pénitences la faute presque inexpiable qui consiste à être heureux ou grand.

XVI

Si le coupable et l'innocent, dit l'empereur Othon dans *Tacite*, doivent avoir une même fin, il est plus d'un homme de périr dignement. Peu différente, je crois, est la pensée de ceux qui, nés grands et pour la vertu, entrent dans le monde, éprouvent l'injustice, l'ingratitude et le déchaînement infâme des hommes contre leurs semblables, et de préférence contre les justes, et qui, alors, embrassent la méchanceté, non par corruption ni par imitation, comme les gens faibles, ni par intérêt, ni par désir des vils et frivoles biens du

monde, ni enfin par espérance de se défendre
contre la méchanceté elle-même, mais par un
choix libre, pour se venger des hommes et leur
rendre la pareille, en combattant contre eux avec
leurs propres armes. La méchanceté de ceux-là
est d'autant plus profonde qu'elle naît de la pratique de la vertu, et d'autant plus formidable
qu'elle est jointe, chose extraordinaire, à la grandeur d'âme et au courage : c'est une sorte d'hé-
roïsme.

XVII

Les prisons et les galères sont pleines de gens
qui se disent innocents : de même les emplois
publics et les dignités de toute sorte ne sont tenus
que par des personnes qui ont été appelées et contraintes à les tenir bien malgré elles. Il est presque
impossible de trouver quelqu'un qui avoue ou avoir
mérité la peine qu'il souffre ou cherché ni désiré
les honneurs dont il jouit : mais ceci est peut-être
moins possible encore que cela.

XVIII

J'ai vu à Florence un homme qui, selon la
coutume du pays, traînait, comme une bête de
trait, une voiture pleine de marchandises et criait

fièrement qu'on lui fit place, et je pensai à ceux qui vont pleins d'orgueil, insultant les autres, pour des raisons à peu près semblables à celle qui causait l'arrogance du Florentin, c'est-à-dire l'orgueil de tirer une voiture.

XIX

Il y a dans le monde quelques personnes qui sont condamnées à mal réussir avec les hommes en toutes choses. Ce n'est point la faute de leur inexpérience ni de leur ignorance de la vie sociale, mais de leur nature incorrigible : elles ne savent pas renoncer à une certaine simplicité de manières dépouillée de ces apparences et de ce je ne sais quoi de menteur et d'artificiel, dont se servent continuellement tous les hommes, même à leur insu, même les sots, et que ni les autres ni eux-mêmes ne peuvent guère distinguer de leur nature. Ils diffèrent donc visiblement des autres hommes, passent pour inhabiles aux choses du monde, sont vilipendés et maltraités même de leurs inférieurs, et peu écoutés, peu obéis de ceux qui se trouvent dans leur dépendance : il n'est personne qui ne se croie au-dessus d'eux et qui ne les regarde de haut. A-t-on affaire avec eux? on les trompe, on les ruine à son profit, plus qu'on ne le ferait avec d'autres : on croit que la chose est plus facile et qu'elle sera impunie ; ce n'est à leur égard que manque de parole et supercherie : on leur conteste ce qui leur est justement dû. En toute circonstance ils sont vaincus, même par ceux qui valent bien moins qu'eux non seulement en esprit et en qualités intrinsèques, mais en ce que le monde connaît et apprécie le plus, comme la beauté, la jeunesse, la force, le courage, la richesse. Enfin, quel que soit leur état dans la société, ils ne peuvent obtenir le degré de considération qu'obtiennent les marchands de légumes et les portefaix. Cela s'explique en partie : ce n'est pas, en effet, une mince infériorité que de ne pouvoir apprendre ce que même les imbéciles apprennent très aisément, c'est-à-dire qui seul fait paraître hommes les hommes et les enfants, de ne pouvoir, dis-je, l'apprendre même avec les plus grands efforts. Ces personnes, si portées qu'elles soient vers le bien, connaissent cependant la vie et les hommes mieux que beaucoup d'autres, et ne sont pas, comme elles le paraissent quelquefois, plus vertueuses qu'il n'est permis de l'être sans mériter la honte d'être appelées ainsi : si elles manquent des manières du monde, ce n'est pas par vertu ni par choix, mais parce que tous leurs désirs et tous leurs efforts ont été vains. Il ne leur reste que d'adapter leur âme à leur sort, de se garder surtout de vouloir cacher ou dissimuler cette sincérité et cet air naturel qui leur sont propres : car elles ne réussissent jamais aussi mal, elles ne sont jamais aussi ridicules que quand elles affectent l'affectation habituelle aux autres.

XX

Cervantès a fait un livre pour corriger l'Espagne de l'imitation des chevaliers errants : si j'avais son génie, j'en ferais un pour corriger l'Italie et le monde civilisé d'un vice qui, eu égard à la douceur des mœurs présentes, et peut-être même à tout autre point de vue, n'est ni moins cruel ni moins barbare que ce reste de férocité du moyen âge que blâme Cervantès. Je veux parler du vice qui consiste à lire ou à réciter à autrui ses propres compositions. Ce vice, qui est très ancien, fut un mal tolérable dans les siècles précédents, parce qu'il était rare; mais aujourd'hui que tous composent et que rien n'est plus difficile que de trouver un homme qui ne soit pas auteur, c'est devenu un fléau, une calamité publique, une nouvelle angoisse de la vie humaine. Ce n'est pas une plaisanterie de dire que par là les connaissances deviennent suspectes et les amitiés dangereuses. Il n'est plus aujourd'hui d'heure ni de lieu où un innocent n'ait à craindre d'être assailli et soumis, sur place ou traîné ailleurs, au supplice d'entendre une prose interminable ou des milliers de vers. Et ceux qui lisent n'allèguent plus pour excuse, comme c'était l'usage autrefois, qu'ils veulent s'entendre juger : il s'agit d'écouter uniquement pour faire plaisir à l'auteur, sans préjudice des louanges finales et obligatoires. En bonne conscience, je crois que peu de choses montrent davantage la puérilité de la nature humaine et l'aveuglement et la sottise extrême où l'amour-propre a conduit l'homme. On voit aussi, dans cette affaire, combien notre esprit peut se faire illusion à lui-même. En effet, chacun a conscience de l'ennui indicible qu'il éprouve toujours à entendre les œuvres d'autrui; il voit rougir et tomber en faiblesse les personnes qu'il invite à l'écouter : elles allèguent toutes sortes d'empêchements pour s'excuser : elles fuient; elles se cachent : néanmoins, avec un front d'airain et une persévérance merveilleuse, comme un ours affamé, il cherche et poursuit sa proie dans toute la ville; il l'atteint; il l'entraîne où il a résolu de l'entraîner. Durant la lecture, il s'aperçoit des angoisses mortelles qu'éprouve le malheureux auditeur; il le voit bâiller, s'étirer, se tordre; il ne s'arrête pas : il ne lui donne pas de répit; toujours plus cruel et plus enragé, il continue à pérorer et à crier pendant des heures : que dis-je? pendant des jours, pendant des nuits, jusqu'à ce que sa voix s'enroue et que, longtemps après l'évanouissement de l'auditeur, il se sente lui aussi, non rassasié, mais épuisé. Pendant que l'homme est ainsi le bourreau de son prochain, il est certain qu'il éprouve un plaisir presque surhumain et paradisiaque : car nous voyons qu'on laisse tous les plaisirs pour celui-là, qu'on oublie le sommeil et la nourriture, qu'on perd de vue la vie et le monde. Et ce plaisir consiste en une ferme croyance qu'on éveille l'admiration et qu'on fait plaisir : autrement, pourquoi ne pas lire ses écrits au désert plutôt qu'à des personnes? Or, quel est le plaisir de celui qui entend (je ne dis pas *de celui qui écoute*)? Chacun le sait par expérience et celui qui lit le voit, et je sais que beaucoup préféreraient à un tel plaisir quelque bonne peine corporelle. Même les écrits les plus beaux, les plus admirables, si l'auteur les lit, deviennent capables de faire mourir d'ennui : à ce propos, un philologue de mes amis remarquait que, s'il est vrai qu'Octavie, en entendant lire le sixième livre de *l'Énéide*, ait été prise d'un évanouissement, il est à croire que cet accident fut déterminé moins par le souvenir de son fils Marcellus, que par l'ennui d'entendre lire.

Tel est l'homme. Et ce vice si barbare, si ridicule, si contraire au caractère d'une créature raisonnable, est vraiment une maladie de l'espèce humaine : car il n'est pas de nation, si noble qu'elle soit, ni de classe de la société, ni de siècle où l'on ne trouve ce fléau. Italiens, Français, Anglais, Allemands; hommes à cheveux blancs, sages en d'autres choses, pleins d'esprit et de mérite ; gens experts dans la vie sociale, de manières accomplies, aimant à remarquer la sottise et à en rire : tous deviennent des enfants cruels quand il s'agit de lire leurs écrits. Ce vice fut aussi celui du temps d'Horace, à qui il semblait déjà insupportable, et celui du temps de Martial, qui répondit à quelqu'un qui lui demandait pourquoi il ne lui lisait pas ses vers : « Pour ne pas entendre les tiens. » De même, au meilleur siècle de la Grèce, Diogène le Cynique se trouvant à une lecture en compagnie de gens qui mouraient d'ennui, et voyant, vers la fin de la lecture, apparaître le blanc de la page entre les doigts du lecteur, dit : « Prenez courage, mes amis : j'aperçois la terre. »

Mais aujourd'hui la chose en est venue à un point tel que les auditeurs, même contraints, ne peuvent suffire à l'abondance des auteurs. Je connais personnellement des gens avisés, qui, persuadés par la réflexion que réciter ses écrits est un des besoins de la nature humaine, ont cherché à satisfaire ce besoin et d'en faire, comme de tous les besoins publics, une source de gain pour les particuliers. A cet effet, ils ouvriront bientôt une école ou une académie ou un Athénée *d'audition* où, à toute heure du jour ou de la nuit, eux-mêmes ou des personnes payées par eux écouteront, à des prix fixés d'avance, quiconque voudra lire : ce sera, pour la première heure, un écu, deux pour la seconde, quatre pour la troisième, huit pour la quatrième, et ainsi de suite en augmentant le tarif selon une progression arithmétique. Pour la poésie, le double. Si on a lu un passage, et qu'on veut le relire, comme il arrive, un franc le vers. Si l'auditeur s'endort, on fera remise au lecteur du tiers de la somme due. Pour les convulsions, syncopes et autres accidents légers ou graves, qui pourraient se produire à tel ou tel moment de la lecture, l'école sera pourvue d'essences et de remèdes qu'on fournira gratis. En faisant une matière de gain d'une chose jusqu'ici infructueuse, je veux dire les oreilles, on ouvrira une nouvelle route à l'industrie et on augmentera la richesse générale.

XXI

Quand nous parlons, nous n'éprouvons de plaisir vif et durable que s'il nous est permis de parler de nous-mêmes ou des choses qui nous occupent ou qui nous touchent. Tout autre discours devient bientôt fastidieux ; et le sujet qui nous charme est d'un ennui mortel pour celui qui nous écoute. On n'acquiert le titre d'homme aimable qu'au prix de souffrances : car on n'est aimable, en conversation, qu'en flattant l'amour-propre d'autrui et surtout en écoutant, en se taisant, chose désagréable ; en laissant parler les autres d'eux-mêmes et de leurs affaires autant qu'ils le veulent, en les mettant sur ce chapitre et en en parlant soi-même : alors on se trouve, en se quittant, ceux-là très contents d'eux, ceux-ci très ennuyés de ceux-là. En somme, si la meilleure compagnie est celle dont nous nous séparons le plus satisfaits de nous, il suit de là que c'est aussi celle que nous avons le plus ennuyée. La conclusion est que, dans toute conversation, dans tout colloque dont le but n'est que de s'entretenir en parlant, le plaisir des uns est presque inévitablement l'ennui des autres ; on ne peut espérer que d'ennuyer ou d'être ennuyé, et c'est un grand bonheur de participer également à ces deux effets.

XXII

Il me semble difficile de décider s'il est plus contraire aux premiers principes de la civilité de parler d'ordinaire longuement de soi, ou s'il est plus rare de trouver un homme exempt de ce défaut.

XXIII

On dit que la vie est une représentation scénique : ce qui justifie le mieux cette pensée, c'est que le monde parle constamment d'une manière et agit constamment d'une autre. En cette comédie, tous aujourd'hui sont acteurs, car tous parlent de la même façon, et il n'est presque pas de spectateurs, car le vain langage du monde ne trompe que les enfants et les sots; il s'ensuit qu'une telle représentation est devenue chose inepte, ennuyeuse et inutilement fatigante. Ce serait une entreprise digne de notre siècle que de faire enfin de la vie une action non plus feinte, mais réelle, et de supprimer pour la première fois dans le monde le fameux désaccord des paroles et des actes. Une expérience, désormais suffisante, a montré que les faits sont immuables et qu'il est inutile que les hommes se fatiguent davantage à la recherche de l'impossible : on ferait cesser le désaccord en question par un expédient à la fois unique et facile, bien qu'on ne l'ait jamais tenté : ce serait de changer notre langage et d'appeler une fois pour toutes les choses par leur nom.

XXIV

Ou je me trompe fort, ou il est rare que dans notre siècle une personne soit généralement louée, si elle n'a commencé par se louer elle-même. Tel est l'égoïsme, telles sont l'envie et la haine que les hommes se portent les uns aux autres que, si l'on veut acquérir un nom, il ne suffit pas de faire des choses louables, il faut les louer soi-même, ou, ce qui revient au même, trouver quelqu'un qui les vante et les glorifie continuellement pour nous : on contraint ainsi, par la force de l'exemple, de l'audace et de la persévérance, le public à répéter une partie de cet éloge; mais n'espérez pas qu'on souffle mot spontanément, si grand que soit votre mérite, si belles que soient vos œuvres. On regarde, on se tait, et, si on peut, on empêche les autres de voir. Si l'on veut s'élever, même par un vrai miracle, il faut dire adieu à la modestie. C'est encore un trait de ressemblance entre le monde et les femmes : avec de la retenue et de la réserve on n'obtient rien de lui.

XXV

On est désabusé du monde, on le connaît, on le hait, et, si on en reçoit un regard aimable, on se sent en partie réconcilié avec lui : de même, si méchant que nous sachions un homme, s'il nous salue avec courtoisie, il nous paraît moins méchant qu'auparavant. Ces observations montrent la faiblesse de l'homme, sans justifier ni les méchants, ni le monde.

XXVI

Celui qui a l'expérience de la vie, et souvent même celui qui ne l'a pas, dans les premiers moments où il se sent frappé d'un malheur, surtout si ce n'est pas sa faute, songe à ses amis, à ses familiers, aux hommes en général, n'attend d'eux que pitié et consolation : s'ils ne l'aident pas, ils auront pour lui plus d'amour ou plus d'estime que par le passé. Rien n'est si éloigné de sa pensée que de se voir, à cause de son malheur même, comme dégradé aux yeux du monde, traité en coupable, brouillé avec ses amis, de mettre en fuite amis et connaissances, de les voir se réjouir de loin de sa disgrâce et le tourner en dérision. De même, s'il lui arrive un bonheur, sa première pensée est de partager sa joie avec ses amis : peut-être cette nouvelle leur fera-t-elle plus de plaisir qu'à lui-même. Il ne lui vient pas à l'esprit qu'au contraire, à cette nouvelle, le visage de ceux qu'il aime se détournera, s'obscurcira ; beaucoup s'efforceront d'abord de n'y pas croire, puis de diminuer la chose dans son estime, dans la leur, dans celle des autres : il en est dont cela refroidira l'amitié ou la changera en haine ; enfin, plusieurs feront tout leur possible pour le dépouiller de ce bien. C'est ainsi que l'imagination de l'homme et la raison de l'homme s'éloignent et diffèrent de la réalité.

XXVII

Rien n'indique mieux qu'on est peu philosophe et peu sage que de vouloir que toute la vie soit sage et philosophique.

XXVIII

Le genre humain et la plus minime portion du genre humain, l'individu excepté, se divisent en deux camps : les uns dominent, les autres souffrent cette domination. Il n'est ni loi, ni force, ni progrès de la philosophie ou de la civilisation qui puisse empêcher qu'un homme né ou à naître ne soit de l'un ou de l'autre camp. Maintenant, que celui qui peut choisir, choisisse. Il est vrai que nous ne le pouvons ni tous, ni toujours.

XXIX

Aucune profession n'est aussi stérile que celle des lettres. Pourtant, telle est dans le monde la valeur de l'imposture, qu'avec son aide même les lettres deviennent fructueuses. L'imposture est pour ainsi dire l'âme de la vie humaine et l'art sans lequel aucun art et aucune faculté n'arrivent à la perfection, si on les considère dans leurs effets sur l'esprit d'autrui. Chaque fois que vous examinerez la fortune de deux personnes qui auront, l'une une valeur vraie, l'autre une valeur fausse, vous trouverez que celle-ci est plus riche que celle-là ; le plus souvent même, celle-ci est riche, celle-là est pauvre. L'imposture vaut et réussit même sans la vérité ; mais la vérité sans l'imposture ne peut rien. Cela ne vient pas, je crois, des mauvaises inclinations de notre espèce, c'est que le vrai est toujours trop pauvre et trop défectueux : pour qu'une chose plaise ou émeuve, il y faut ajouter une part d'illusion et de prestige et promettre plus et mieux qu'on ne peut donner. La nature même n'est qu'imposture pour l'homme : elle ne lui rend la vie aimable ou supportable que par des imaginations et des tromperies.

XXX

Le genre humain a coutume, en blâmant le présent, de louer le passé : ainsi la plupart des voyageurs, pendant qu'ils voyagent, aiment leur pays natal et le préfèrent avec une sorte de colère aux pays où ils se trouvent. De retour dans leur patrie, ils la déclarent, avec la même colère, inférieure à tous les autres lieux où ils ont été.

XXXI

En tout pays les vices et les maux communs aux hommes et à la société sont notés comme particuliers au pays. Je n'ai jamais été en aucun lieu où je n'aie entendu dire : « Ici les femmes sont vaines, inconstantes : elles lisent peu ; elles ne sont pas instruites ; ici le public est curieux des actions d'autrui, bavard, médisant ; ici l'argent, la faveur et la bassesse peuvent tout ; ici règne l'envie et les amitiés ne sont pas sincères. » Et l'on continue sur ce ton, comme si ailleurs les choses étaient d'autre façon. Les hommes sont malheureux par nécessité et décidés à se croire malheureux par accident.

XXXII

En avançant dans la connaissance pratique de la vie, l'homme se relâche chaque jour de la sévérité des jeunes gens. Ceux-ci, toujours en quête de la perfection, espèrent la rencontrer, mesurent toute chose à l'idée qu'ils en ont dans l'âme, excusent difficilement les défauts et n'accordent guère leur estime aux vertus défectueuses et aux faibles qualités qu'ils trouvent chez les hommes. Puis ils voient que tout est imparfait : ils se convainquent qu'il n'est rien de meilleur au monde que ce bien médiocre qu'ils méprisaient, qu'aucune chose et aucune personne ne sont vraiment estimables ; peu à peu, ils prennent une autre mesure, ils comparent ce qu'ils voient, non plus à la perfection, mais à la réalité : ils s'accoutument à pardonner généreusement, et à estimer toute vertu médiocre, toute ombre de valeur, tout petit mérite qu'ils trouvent : enfin ils regardent comme louables beaucoup de choses et beaucoup de personnes qui, d'abord, leur auraient paru à peine supportables. D'abord ils étaient presque incapables d'estime, et avec le temps ils deviennent presque incapables de mépris, surtout quand ils sont riches d'intelligence. Car, d'être très méprisant et très difficile, passée la première jeunesse, ce n'est pas un bon signe : cela montre que, faute d'intelligence ou d'expérience, on a mal connu le monde, à moins qu'on ne soit de ces sots qui méprisent autrui par la grande estime qu'ils ont d'eux-mêmes. Enfin, chose invraisemblable, mais vraie, dire que l'usage du monde enseigne plus à estimer qu'à mépriser, cela revient à dire que les choses humaines sont extrêmement viles.

XXXIII

Les trompeurs médiocres et en général les femmes, croient toujours que leurs ruses ont réussi et qu'on y a été pris. Mais les habiles doutent : ils savent mieux, d'une part combien est difficile leur art, d'autre part comme chacun désire ce qu'ils désirent eux-mêmes, c'est-à-dire de tromper. De plus, ceux-ci ne croient pas les autres aussi inintelligents que se les représentent ceux qui manquent eux-mêmes d'esprit.

XXXIV

Les jeunes gens croient en général se rendre aimables en feignant d'être mélancoliques. Et peut-être que, quand elle est feinte, la mélancolie peut plaire pendant quelque temps, surtout aux femmes. Mais, quand elle est vraie, elle met en fuite tout le genre humain ; et, à la longue, on voit qu'il n'y a qu'une chose qui plaise et qui réussisse dans le commerce des hommes, c'est la gaîté ; parce que finalement, contrairement à ce que pensent les jeunes gens, le monde (et il n'a pas tort) aime, non à pleurer, mais à rire.

XXXV

Dans quelques endroits moitié civilisés, moitié barbares, comme par exemple à Naples, on peut faire plus aisément qu'ailleurs une observation vraie partout : c'est que l'homme qui passe pour pauvre est à peine considéré comme un homme ; celui qu'on croit riche est toujours en danger de mort. Aussi est-il nécessaire dans de tels pays, et c'est ce qu'on y fait généralement, de se résoudre à tenir caché son état de fortune, afin que le public ne sache pas si on est à mépriser ou à assassiner. Alors on est ce que sont les hommes ordinairement, c'est-à-dire moitié méprisé et moitié estimé et le public est partagé entre le désir de vous nuire et celui de vous laisser tranquille.

XXXVI

Beaucoup veulent se mal conduire à votre égard et qu'en même temps, sous peine de leur haine, vous ayez la courtoisie de ne pas mettre obstacle à leur méchanceté et la naïveté de ne pas vous en apercevoir.

XXXVII

Le défaut le plus intolérable dans la vie ordinaire, et en effet le moins toléré, c'est l'intolerance.

XXXVIII

La science de l'escrime devient inutile, quand deux lutteurs d'égale force se battent ensemble : car l'un n'a pas plus d'avantage sur l'autre que si tous deux étaient ignorants. De même il arrive souvent que les hommes sont menteurs et méchants sans effet ; leur méchanceté et leur fausseté étant au même degré chez les uns et chez les autres se neutralisent, et le résultat est le même que s'ils étaient sincères et droits. La méchanceté et la duplicité, à y bien regarder, ne sont utiles que quand elles sont unies avec la force ou quand elles luttent avec une méchanceté et une astuce moindre ou bien avec la bonté. Ce dernier cas est rare, et il n'est guère plus fréquent de rencontrer une méchanceté moindre : car la plupart des hommes sont au même point de méchanceté, ou peu s'en faut. On ne saurait calculer combien de fois ils pourraient, en se faisant du bien les uns aux autres, obtenir aisément ce qu'ils n'obtiennent qu'à grand'peine, quand ils l'obtiennent, en s'efforçant de se faire du mal.

XXXIX

Baldassar Castiglione, dans le Courtisan, explique très-judicieusement pourquoi les vieillards ont coutume de louer le temps où ils furent jeunes et de blâmer le présent. « Voici, dit-il, quelle est à mon avis la cause de cette fausse appréciation des vieillards : c'est que les années emportent avec elles beaucoup d'avantages, par exemple, elles ôtent au sang une grande partie des esprits vitaux : la complexion change et un affaiblissement se produit dans les organes par lesquels l'âme opère ses effets. Alors nos âmes perdent les douces fleurs de la joie, comme à l'automne les arbres perdent leurs feuilles ; aux pensées sereines et claires succède la tristesse nuageuse et trouble, que mille maux accompagnent ; ce n'est pas seulement le corps qui est infirme, c'est aussi l'âme : elle ne garde des plaisirs passés qu'une mémoire tenace et l'image du temps chéri de la tendre jeunesse : alors il nous semble que le ciel, la terre, l'univers nous fassent fête et rient autour de nous, et que dans notre pensée, comme dans un jardin délicieux, fleurisse le doux printemps de l'allégresse. Aussi, quand dans la froide saison le soleil de notre vie attristée décline vers le couchant, peut-être serait-il utile de perdre avec les plaisirs le souvenir des plaisirs, et de trouver, comme disait Thémistocle, un art qui enseignât à oublier : car telle est l'imposture de nos sens que souvent ils égarent aussi le jugement de notre esprit. Je trouve que les vieillards ressemblent à ceux qui, en partant du port, gardent les yeux fixés au rivage : il leur semble que le navire reste immobile et que le rivage s'éloigne, et pourtant c'est le contraire : le port, et de même le temps et les plaisirs, restent immobiles, et nous, avec le navire de la mort, nous fuyons, nous nous en allons l'un après l'autre à travers cette mer orageuse qui absorbe et dévore tout. Il ne nous est plus permis de prendre terre, et nous luttons sans cesse contre les vents contraires, jusqu'à ce qu'enfin nous allions nous briser contre un écueil. L'âme du vieillard a beau être en présence de beaucoup de plaisirs : elle ne peut les goûter. Comme les fiévreux, dont l'haleine corrompue a gâté le palais, trouvent tous les vins amers, si précieux et si délicats qu'ils soient, de même la mauvaise disposition des vieillards, sans leur ôter les désirs, leur fait paraître les plaisirs insipides et bien différents de ceux qu'ils se rappellent avoir éprouvés jadis, et pourtant les plaisirs n'ont pas changé en soi. Ainsi privés, ils se plaignent et blâment le temps présent comme ne valant rien : ils ne voient pas que cette transformation vient d'eux-mêmes et non du temps. Au contraire, en se rappelant les plaisirs passés, ils rapprochent d'eux-mêmes le temps où ils les ont éprouvés et ils le louent comme bon, parce qu'il conserve comme le parfum de leurs sentiments d'alors. En effet, nous haïssons toutes les choses qui ont accompagné nos ennuis et nous aimons celles qui ont accompagné nos plaisirs. »

Ainsi parlait Castiglione, exposant avec des paroles non moins belles qu'abondantes, à la mode des prosateurs italiens, une pensée des plus vraies. On peut y ajouter que les vieillards mettent le présent au-dessous du passé, non seulement dans les choses qui dépendent de l'homme, mais encore dans les choses qui n'en dépendent pas : ils les critiquent et disent qu'elles sont devenues pires, non dans leurs rapports avec l'homme, ce qui est la vérité, mais en elles-mêmes. Chacun, je crois, se rappelle, comme moi, avoir entendu

dire aux vieillards de sa connaissance que les
années sont devenues plus froides qu'elles ne
l'étaient et les hivers plus longs ; que de leur
temps on quittait vers Pâques ses habits d'hiver
pour prendre ceux d'été, ce qu'on ne peut plus
faire aujourd'hui, d'après eux, qu'au mois de mai
et parfois de juin. Et il y a quelques années, des
physiciens cherchèrent sérieusement la cause de
ce refroidissement et alléguèrent, entre autres
choses que j'ai oubliées, le déboisement des montagnes pour expliquer un fait qui n'a pas lieu :
car, au contraire, différents passages des auteurs
anciens montrent que l'Italie devait être plus
froide au temps des Romains qu'elle ne l'est
aujourd'hui. D'autre part, l'expérience et la raison
apprennent que là où la civilisation s'accroît et où
habitent les hommes, l'air devient de jour en
jour plus doux : cela se voit surtout en Amérique
où, presque de notre temps, une civilisation
mûre a succédé, ici à un état barbare, là à une
vraie solitude Mais comme les vieillards souffrent
plus du froid que dans leur jeunesse, ils croient
que le changement qu'ils éprouvent dans leur
propre état s'est produit dans les choses, et ils
s'imaginent que la chaleur, qui s'affaiblit en eux,
s'est amoindrie dans l'air ou dans la terre. Et ce
que disent nos vieillards était également dans la
bouche de ceux qui vivaient un siècle et demi
plus tôt, du temps de Magalotti qui écrivait dans

ses lettres familières : « Il est sûr que l'ordre des saisons semble changer avec le temps. Ici, en Italie, tout le monde se plaint de ce que les températures modérées n'existent plus ; et, dans cette confusion des limites, il n'est pas douteux que le froid acquiert du terrain. J'ai entendu dire à mon père que dans sa jeunesse, à Rome, tout le monde s'habillait d'été le matin de Pâques. Aujourd'hui je vous garantis que celui qui n'a pas besoin de mettre sa chemise en gage se garde bien de s'alléger du moindre des vêtements qu'il portait au cœur de l'hiver. »

Magalotti écrivait ces lignes en 1683. L'Italie serait devenue plus froide que le Groenland, si depuis lors elle s'était refroidie dans cette proportion-là. Il est superflu d'ajouter que le refroidissement continuel, qui, dit-on, a lieu dans la masse terrestre pour des causes intrinsèques, n'a rien à faire ici, car il n'est sensible qu'après des dizaines de siècles, et non en quelques années.

XL

C'est une chose odieuse de parler beaucoup de soi. Mais plus les jeunes gens sont vifs de nature et supérieurs d'esprit, moins ils savent se garder de ce défaut ; ils parlent de leurs affaires avec une candeur extrême et tiennent pour certain que leur auditeur s'y intéresse presque autant qu'eux-mêmes. On leur pardonne, car il est manifeste, d'abord que l'expérience leur manque, puis, surtout, qu'ils ont besoin d'aide, de conseils et de se soulager en parlant des passions dont bouillonne leur âge. Il semble même reconnu généralement que les jeunes gens ont comme un droit à occuper le monde de leurs pensées.

XLI

Il est rare qu'un homme ait raison de s'offenser des choses dites hors de sa présence ou avec l'intention qu'elles lui restassent cachées; en effet, s'il réfléchit, s'il s'examine, il verra qu'il n'a pas d'amis si chers ou si vénérés qui n'eussent été profondément peinés s'ils eussent entendu toutes les paroles qui lui ont échappé sur leur compte en leur absence. Notre amour-propre est délicat et revêche à l'excès, et il est presque impossible qu'un mot dit sur nous par derrière nous soit rapporté fidèlement, sans nous paraître indigne et blessant. D'autre part, on ne peut dire combien notre conduite est contraire au précepte de ne pas faire à autrui ce que nous ne voudrions pas qui nous fût fait, ni combien la liberté de parler d'autrui est jugée innocente.

XLII

L'homme d'un peu plus de vingt-cinq ans éprouve un sentiment nouveau quand, tout à coup, il s'aperçoit que beaucoup de ses camarades le considèrent comme plus âgé qu'eux et qu'en réfléchissant il voit qu'il y a en effet dans le monde une quantité de personnes plus jeunes que lui. Habitué à se regarder comme placé, sans contestation aucune, comme au degré suprême de la jeunesse, s'il se croyait inférieur aux autres en d'autres choses, il ne se croyait surpassé par personne en jeunesse, car ceux qui étaient plus jeunes que lui sortaient à peine de l'enfance, se mêlaient rarement à sa compagnie et, pour ainsi dire, ne faisaient pas partie du monde. Alors il commence à sentir que le don de la jeunesse, qu'il croyait propre à sa nature et inséparable de sa personne, ne lui a été donné que pour un temps; et il devient inquiet de la fragilité de ce don, tant pour la chose en soi que pour l'opinion d'autrui. A coup sûr, quand quelqu'un a passé l'âge de vingt-cinq ans, et par conséquent commence à perdre la fleur de sa jeunesse, s'il n'est stupide, personne ne peut dire de lui qu'il n'a pas l'expérience du malheur. Car, même s'il a été heureux jusqu'alors, ce passage lui donne conscience d'un malheur grave et amer entre tous les autres, et peut-être d'autant plus cruel qu'on est moins malheureux pour le reste, je veux parler de la décadence et de la fin de sa chère jeunesse.

XLIII

Il est au monde des hommes remarquables par leur probité dont on peut, si on est familier avec eux, ne craindre aucun mauvais office, sans en espérer aucun service.

XLIV

Interrogez les subordonnés d'un magistrat ou d'un ministre quelconque du gouvernement au sujet des qualités et de la conduite de leur supérieur, principalement dans ses fonctions : même si les réponses concordent pour les faits, vous trouverez de grands dissentiments dans l'interprétation de ces faits, et quand les interprétations seraient conformes, il y aurait une contradiction infinie dans les jugements : les uns blâmeraient ce que les autres exalteraient. Mais le magistrat s'abstient-il ou non du bien d'autrui et de celui de l'État? C'est le seul point sur lequel vous ne trouverez pas deux personnes qui, s'accordant sur le fait, diffèrent dans l'interprétation ou dans le jugement qu'elles en font, et qui, tout d'une voix, simplement, ne louent dans un magistrat la probité ou ne condamnent l'improbité. Et il semble qu'en somme, on ne distingue un bon magistrat d'un mauvais qu'à l'article de l'argent, et que bon magistrat veuille dire magistrat probe; mauvais, improbe. L'officier public peut disposer de la vie et de l'honneur des citoyens, et, quoi qu'il fasse, il trouvera excuse et louange, pourvu qu'il ne touche pas à l'argent d'autrui. On dirait que les hommes, qui sont en désaccord sur tout le reste, ne s'entendent que dans l'appréciation de l'argent, ou que l'argent, rien que l'argent, est l'homme tout entier, et, en vérité, mille indices montrent que c'est là un axiome constant pour le genre humain, surtout de notre temps. A ce propos, un philosophe français du siècle passé disait : Les politiques anciens parlaient toujours de mœurs et de vertu, les modernes ne parlent que de commerce et d'argent. Et ils ont raison, ajoute quelque étudiant en économie politique ou quelque élève des gazettes philosophiques, car les vertus et les bonnes mœurs ne peuvent subsister sans le fondement de l'industrie, qui, en pourvoyant aux nécessités journalières, en rendant la vie aisée et sûre dans toutes les conditions, rendra les vertus stables et propres à l'universalité des hommes. Fort bien. Cependant, en compagnie de l'industrie, la bassesse d'âme, la froideur, l'égoïsme, l'avarice, la fausseté et la perfidie mercantile, les vices les plus dépravés, les passions les plus indignes de l'homme civilisé, sont en vigueur et se multiplient sans fin. Quant aux vertus, on les attend.

XLV

Le grand remède de la médisance, comme des afflictions de l'âme, c'est le temps. Si le monde blâme un de nos principes ou un de nos actes, qu'il soit bon ou mauvais, nous n'avons qu'une chose à faire : persévérer. Le temps passe, la matière devient usée, les médisants l'abandonnent pour en chercher une plus fraîche. Et plus nous serons fermes et imperturbables dans notre persévérance à mépriser ces propos, plus tôt ce qui fut condamné d'abord et parut étranger sera tenu pour raisonnable et régulier, car le monde, qui ne peut jamais croire que celui qui ne cède pas ait tort, finit par se condamner et par nous absoudre; d'où il advient, chose connue, que les faibles vivent au gré du monde, et les forts à leur gré.

XLVI

Il n'est pas flatteur, dois-je dire : pour les hommes, ou : pour la vertu? de voir que dans toutes les langues classiques, anciennes et modernes, les mêmes mots signifient bonté et bêtise, homme de bien et homme de peu. Quelques-uns de ces mots, comme en italien *dabbenaggine*, en grec εὐήθης, εὐήθεια, ont perdu leur sens premier, qui devenait inutile, ou n'eurent dès l'origine que le second sens. Voilà l'estime de la bonté que la foule a faite en tout temps. Ses jugements, ses sentiments intimes se manifestent, même en dépit d'elle, dans les formes du langage. L'opinion constante de la multitude, et constamment dissimulée, parce que le raisonnement contredit le langage, c'est que personne, s'il pouvait choisir, ne choisirait d'être bon, et que les imbéciles sont bons parce qu'ils ne peuvent faire autrement.

XLVII

L'homme est condamné à cette alternative : ou il consumera sans but sa jeunesse, qui est la seule saison de faire des provisions pour l'âge à venir et de pourvoir à son propre état, ou il la dépensera à préparer des jouissances pour la partie de sa vie où il ne sera plus apte à en jouir.

XLVIII

Il est un fait qui montre quel amour la nature nous a donné pour nos semblables : tout animal ou tout enfant sans expérience qui voit sa propre image dans un miroir, la prend pour une créature semblable à lui, entre en fureur et en rage, et cherche par tous les moyens à nuire à cette créature et à la tuer. Les petits oiseaux domestiques, si doux par nature et par habitude, s'élancent avec colère contre le miroir, crient, écartent les ailes, ouvrent le bec et le frappent; le singe, quand il le peut, le jette par terre et le foule aux pieds.

XLIX

L'animal hait naturellement son semblable, et, toutes les fois que son intérêt particulier le demande, l'attaque. Aussi ni la haine ni les injures des hommes ne peuvent s'éviter, mais on peut se soustraire en grande partie à leur mépris. Et, la plupart du temps, c'est mal à propos que les jeunes gens et les personnes nouvelles dans le monde s'empressent auprès d'autrui, non par bassesse ni par intérêt, mais par un désir bienveillant de ne point susciter d'inimitiés et de gagner les âmes. Ils ne réalisent pas ce désir et ils nuisent à leur crédit, car le complimenté prend une plus haute idée de lui et une plus mince idée du complimenteur. Si on ne demande pas aux hommes des biens ou des honneurs, qu'on ne leur demande pas non plus leur amour : ce n'est point chose qui s'obtienne ; et, si l'on veut savoir mon avis, qu'on maintienne sa dignité tout entière en ne rendant à chacun que ce qui lui est dû. De la sorte, on sera un peu plus haï et plus persécuté qu'autrement, mais on sera rarement méprisé.

L

Les Hébreux ont un livre de sentences et de propos variés, traduit, dit-on, de l'arabe, ou plus vraisemblablement, selon d'autres, de composition purement hébraïque, où, entre autres choses de peu d'intérêt, on lit ceci : Un homme disait à je ne sais plus quel sage : « J'ai de l'amitié pour toi. » Le sage répondit : « Et pourquoi pas ? Tu n'es ni mon coreligionnaire, ni mon parent, ni mon voisin, ni une personne qui me touche. » La haine envers nos semblables est d'autant plus grande qu'ils sont davantage nos semblables. Les jeunes gens sont, pour mille motifs, plus capables d'amitié que les autres : néanmoins il est presque impossible qu'il s'établisse une amitié durable entre deux jeunes gens qui mènent la même vie de jeune homme, et on appelle ainsi aujourd'hui une vie qui est consacrée principalement aux femmes. C'est même surtout entre de telles personnes que l'amitié est impossible, tant par la véhémence des passions que par les rivalités et les jalousies qui naîtront à coup sûr, et parce que, comme Mme de Stael l'a noté, les succès d'un homme auprès des femmes font toujours de la peine même à son plus grand ami. Les femmes sont, après l'argent, la chose sur laquelle on est le moins traitable et le moins capable de s'accorder : à ce propos, connaissances, amis, frères, changent d'aspect et de nature : car les hommes sont amis et parents, ou plutôt ils sont civilisés et hommes, non pas jusqu'aux autels, comme disait le proverbe antique, mais jusqu'à l'argent et jusqu'aux femmes : là, ils deviennent sauvages et brutes. Et dans les choses féminines, si l'inhumanité est moindre, l'envie est plus grande que dans les choses d'argent : car on s'y intéresse davantage par la vanité ou, pour mieux dire, par ce genre d'amour-propre qui est le plus personnel et le plus délicat. Et bien que chacun en fasse autant à l'occasion, on ne voit jamais un homme sourire ou dire des paroles douces d'une femme, sans que tous les assistants s'efforcent, tout haut ou tout bas, de le tourner en amère dérision. Aussi, quoique, dans ce genre de succès comme dans la plupart des autres, la moitié du plaisir soit de les raconter, les jeunes gens ont bien tort de parler de leurs joies amoureuses, surtout à d'autres jeunes gens : ils déplaisent à l'excès, et le plus souvent, même s'ils disent vrai, on les raille.

LI

On sait combien il est rare que les hommes soient guidés dans leurs actions par le sentiment juste de ce qui leur est utile ou nuisible, et on voit par là combien doit se tromper facilement celui qui se propose de deviner quelque résolution secrète et d'examiner subtilement quel est l'intérêt d'autrui dans tel ou tel dessein. Guichardin, au commencement de son dix-septième livre, parle ainsi des discours tenus à propos du parti que prendrait François I*er*, roi de France, quand il sortirait de la forteresse de Madrid : « Ceux qui discoururent ainsi considérèrent plutôt ce qu'il devait faire raisonnablement qu'ils ne songèrent au caractère et à l'esprit des Français : c'est une erreur dans laquelle on tombe souvent quand on examine et qu'on juge les dispositions et les volontés des autres. » Guichardin est peut-être le seul historien moderne qui ait connu beaucoup les hommes et qui ait raisonné sur les faits qui se rattachent à la connaissance de la nature humaine. Il ne crut pas à une science politique, séparée de la science de l'homme et la plupart du temps chimérique, dont ont usé en général les autres historiens, surtout ceux d'outremont et d'outremer, quand ils ont voulu discourir sur les événements, au lieu de les raconter par ordre, sans en penser plus long, comme font la plupart.

LII

Qu'on ne s'imagine pas avoir appris à vivre, si l'on n'a appris à considérer comme un simple bruit de syllabes les offres qui nous sont faites par qui ce soit, surtout les offres spontanées, si solennelles, si répétées qu'elles puissent être ; et je ne parle pas seulement des offres, mais aussi des instances les plus vives que quelqu'un nous fait à l'infini pour que nous usions de ses ressources, même quand il spécifie les modes et les circonstances de la chose et qu'il éloigne les difficultés par des arguments. Est-on enfin persuadé ou vaincu par l'ennui de ces instances, et se décide-t-on à faire l'aveu de tel ou tel besoin ? On voit son interlocuteur pâlir, changer de discours ou répondre évasivement et s'en aller sans conclure : ce sera un grand hasard si désormais on arrive à le revoir de longtemps, ou si, lui écrivant, on en reçoit une réponse. Les hommes ne veulent pas rendre de services, tant par l'ennui de la chose en soi que parce que les besoins et les disgrâces de leurs connaissances ne laissent pas de leur faire plaisir : mais ils aiment la réputation de bienfaisance, la gratitude d'autrui et cette supériorité qui vient du service rendu. Aussi offrent-ils ce qu'ils ne veulent pas donner ; et plus ils vous voient fier, plus ils insistent, d'abord pour vous humilier et vous faire rougir, puis parce qu'ils craignent d'autant moins que vous n'acceptiez leurs offres. Ils s'avancent courageusement jusqu'aux dernières limites, et négligent le péril présent de paraître imposteurs pour l'espérance de n'être jamais que remerciés : au premier mot qui marque qu'on accepte, les voilà en fuite.

LII

Bion, philosophe ancien, disait : « Il est impossible de plaire à la multitude, à moins qu'on ne se change en pâté ou en vin doux. » Mais cette chose impossible, tant que durera l'état social des hommes, sera toujours cherchée, même par ceux qui disent et peut-être croient ne pas la chercher : ainsi, tant que durera notre espèce, ceux qui connaissent le mieux la condition humaine, continueront jusqu'à la mort à chercher la félicité et à se la promettre.

LIV

On peut tenir pour un axiome que l'homme, sauf en de courts instants, malgré la certitude et l'évidence, ne laisse jamais, à part lui et à l'insu des autres, de considérer comme vraies les choses dont la croyance est nécessaire à sa tranquillité, et, pour ainsi dire, à sa vie. Le vieillard, surtout s'il vit dans le monde, ne laisse jamais de croire jusqu'à la fin, dans le secret de son âme, malgré les démentis répétés de l'expérience, que, par une exception singulière à la règle universelle, par un mystère inexplicable à lui-même, il est encore capable de faire un peu d'impression sur les femmes : car sa condition serait trop malheureuse, s'il se croyait entièrement et à jamais exclu du genre de bonheur où l'homme civilisé en vient toujours, chacun à sa manière, à placer tout le bien de la vie. La femme galante a beau voir chaque jour mille signes que l'opinion publique est contre elle, elle ne cesse de croire qu'elle est tenue pour honnête par la généralité des femmes, et que la vérité n'est connue que du petit nombre de ses confidents anciens et nouveaux (je dis petit nombre, par rapport au public), lesquels la tiennent cachée au monde et même entre eux. L'homme qui agit mal et qui, par sa bassesse même et sa lâcheté, s'inquiète des jugements d'autrui, croit que ses actions sont interprétées de la manière la plus favorable et que les vrais motifs n'en sont pas compris. De même dans les choses matérielles, Buffon observe que le malade à l'article de la mort ne croit ni ses médecins ni ses amis, mais seulement l'intime espérance qui lui promet qu'il échappera au péril présent. Je laisse de côté la crédulité et l'incrédulité merveilleuses des maris au sujet de leurs femmes, ample matière à nouvelles, à comédies, à plaisanteries et à rire pour les nations chez lesquelles le mariage est irrévocable. On voit qu'il n'est pas au monde de chose si fausse et si absurde qu'elle ne soit tenue vraie des hommes les plus sensés, chaque fois que l'âme ne trouve pas un moyen de s'accommoder à la chose contraire et de s'y reposer en paix. Je ne dissimulerai pas que les vieillards sont moins disposés que les jeunes gens à ne pas croire ce qui est en leur faveur ; car les jeunes gens ont plus de courage pour lever les yeux contre les maux et pour en supporter le sentiment ou en mourir.

LV

On rit d'une femme, si elle pleure d'un cœur vrai la mort de son mari, et on la blâme hautement si, pour quelque grave raison ou même par nécessité, elle parait en public ou quitte le deuil un jour avant la date usuelle. C'est une remarque banale, mais incomplète, de dire que le monde ne se contente jamais de la réalité, que souvent il la néglige et que souvent il ne peut la souffrir. Cet ancien s'étudiait plus à être homme de bien qu'à le paraître ; mais le monde veut qu'on paraisse homme de bien et qu'on ne le soit pas.

LVI

La franchise peut être utile, quand on l'emploie par artifice ou quand elle est trop rare pour qu'on y ajoute foi.

LVII

Les hommes rougissent, non des injures qui viennent d'eux, mais de celles qu'ils reçoivent. Aussi, pour obtenir que les insulteurs rougissent, il n'est pas d'autre voie que de leur rendre la pareille.

LVIII

L'amour-propre n'est pas moindre chez les gens timides que chez les gens arrogants : il est même plus fort, ou plutôt plus sensible : c'est pourquoi ils ont peur et se gardent de blesser les autres, non qu'ils les estiment plus que ne font les insolents et les audacieux ; mais pour éviter d'être blessés eux-mêmes, à cause de l'extrême douleur que leur cause chaque piqûre.

LIX

On l'a dit souvent : Plus, dans un Etat, décroissent les vertus solides, plus se multiplient les vertus apparentes. Il semble que les lettres soient soumises au même destin : car, de notre temps, plus disparaît l'art d'écrire et jusqu'à l'ombre du style, plus s'accroît la beauté de l'impression. Aucun livre classique ne fut imprimé jadis aussi élégamment que les gazettes d'aujourd'hui et que les autres billevesées politiques, faites pour durer un jour, et on a oublié jusqu'au mot de style. Et tout homme de bien doit, j'imagine, en ouvrant un livre moderne, sentir de la pitié pour ce papier et ces caractères qu'on use à représenter des phrases si horribles et des pensées si vides.

LX

La Bruyère dit une chose très vraie : C'est qu'il n'est pas si aisé de se faire un nom par un ouvrage parfait que d'en faire valoir un médiocre par le nom qu'on n'est déjà acquis. On peut ajouter que le moyen le plus rapide pour acquérir la renommée c'est peut-être d'affirmer imperturbablement, sur tous les tons possibles, qu'on l'a acquise.

LXI

Quand l'homme sort de la jeunesse, il perd la faculté de se communiquer aux autres par cette sorte de fluide sympathique qui unit les jeunes gens aux personnes présentes, et il s'aperçoit non sans une douleur nouvelle, que dans les réunions il est séparé des autres et que les créatures sensibles dont il est entouré ne sont guère moins indifférentes à son égard que les être privés de sentiment.

LXII

La première condition pour être prêt à payer de sa personne à l'occasion, c'est de s'estimer beaucoup.

LXIII

L'idée que l'artiste a de son art ou le savant de sa science, est en proportion indirecte de l'idée qu'il a de sa propre valeur en cette art ou en cette science.

LXIV

Si celui qui cultive une science se compare, non avec les autres savants, mais avec cette science même, plus elle sera élevée, moins il s'estimera : car la connaissance qu'il a de l'élévation de sa science lui montre sa propre humilité. Aussi presque tous les grands hommes sont modestes : car ils se comparent continuellement, non aux autres, mais à l'idée de perfection qui est bien plus claire à leur esprit qu'à celui du vulgaire et ils considèrent combien ils sont loin d'atteindre à cette idée. Au contraire le vulgaire croit, et souvent avec raison, avoir atteint et dépassé l'idéal de perfection qu'il a pu comprendre.

LXV

La seule compagnie qui soit agréable à la longue est celle des personnes de qui il nous importe ou il nous plaît d'être estimé toujours davantage. Aussi quand les femmes désirent que leur société plaise longtemps, elles devraient désirer de devenir telles qu'on pût désirer longtemps leur estime.

LXVI

Dans le siècle présent, les hommes noirs sont regardés comme d'une race et d'une origine autres que celles des blancs, et on les croit néanmoins égaux aux blancs pour les droits humains. Au XVII° siècle, on croyait que les noirs étaient de la même souche et de la même famille que les blancs, et on soutenait (surtout les théologiens espagnols) que la nature et Dieu avaient voulu qu'ils fussent bien inférieurs à nous pour les droits. Dans les deux siècles les noirs ont été et sont encore vendus, achetés, forcés de travailler enchaînés et à coup de fouets. Telle est la morale, tel est le rapport qui existe entre les idées sur le devoir et la pratique.

LXVII

On a tort de dire que l'ennui est un mal commun. Ce qui est commun, c'est d'être inoccupé ou, pour mieux dire, désœuvré, non d'être ennuyé. L'ennui n'appartient qu'à ceux en qui l'esprit est quelque chose. Plus l'esprit a de pouvoir en quelqu'un, plus l'ennui est fréquent douloureux et terrible. La plupart des hommes trouvent une occupation suffisante en quoi que ce soit, et un plaisir suffisant dans n'importe quelle sotte occupation : quand ils sont inoccupés, ils n'en souffrent pas. De là vient que les hommes délicats sont si peu entendus au sujet de l'ennui et qu'ils provoquent l'étonnement et parfois les rires du vulgaire, quand ils en parlent et s'en plaignent avec les paroles graves qu'on emploie pour exprimer les maux les plus grands et les plus inévitables de la vie.

LXVIII

L'ennui est en quelque sorte le plus sublime des sentiments humains. Sans doute, je ne tire pas de l'examen de ce sentiment les conséquences que beaucoup de philosophes ont cru pouvoir en tirer : mais n'être satisfait d'aucune chose terrestre ni, pour ainsi dire, de la terre entière; considérer l'amplitude incommensurable de l'espace, le nombre merveilleux des mondes et leur masse, et trouver que c'est peu de chose pour la capacité de notre âme; imaginer les mondes infinis, l'univers infini, et sentir que notre âme et nos désirs seraient encore plus grands qu'un tel univers; acccuser sans cesse les choses d'insuffisance et de néant, souffrir de ce manque et de ce vide qu'on appelle l'ennui, voilà, je crois, le principal signe de grandeur et de noblesse que présente la nature humaine. Aussi l'ennui est-il rarement connu des hommes de peu de valeur et presque jamais des autres animaux.

LXIX

On connaît la fameuse lettre de Cicéron à Luccéius pour l'exhorter à composer une histoire de la conjuration de Catilina, et il existe une autre lettre moins connue et non moins curieuse où l'empereur Vérus prie son maître Fronton d'écrire, comme d'ailleurs il le fit, la guerre parthique qui avait été dirigée par Vérus lui-même. Ces deux lettres ressemblent fort à celles qu'on écrit aujourd'hui aux journalistes, sauf que les modernes demandent des articles de journaux quand les anciens demandaient des livres. On peut comprendre par ce petit détail quelle foi mérite l'histoire, même quand elle est écrite par des hommes contemporains et qui jouissaient d'un grand crédit dans leur temps.

LXX

Beaucoup des erreurs qu'on appelle enfantillages, où tombent les jeunes gens inexpérimentés et ceux qui, jeunes ou vieux, sont condamnés par la nature à être plus que des hommes et à paraître toujours des enfants, ne consistent, à les bien considérer, qu'en ceci : c'est que les personnes en question pensent et se conduisent comme si les hommes étaient moins enfants qu'ils ne le sont. Certes, la première et peut-être la plus forte impression d'étonnement qu'éprouvent les jeunes gens bien élevés à leur entrée dans le monde, c'est la frivolité des occupations ordinaires, des passe temps, des discours, des goûts et de l'esprit des personnes : puis l'usage les adapte peu à peu à cette frivolité, mais non sans peine : il leur semble d'abord qu'ils ont à redevenir enfants encore une fois. C'est d'ailleurs la vérité : un jeune homme d'une bonne nature et d'une bonne éducation doit, quand il commence (comme on dit) à vivre, se ramener en arrière et, qu'on me passe le mot, se *puériliser* un peu, lui qui croyait qu'il allait devenir tout à fait homme et se dépouiller de tout reste d'enfantillage. Car les hommes ont beau avancer en âge : ils continuent toujours à vivre en grande partie comme des enfants.

LXXI

Cette opinion que les jeunes gens ont des hommes, qu'ils croient plus hommes qu'ils ne sont, fait qu'ils s'épouvantent à chacune de leurs fautes et qu'ils pensent avoir perdu l'estime de ceux qui l'ont vue ou l'ont sue. Puis ils reprennent courage peu à peu, en voyant, non sans s'étonner, que les mêmes pesonnes continuent à les traiter comme avant. Mais les hommes sont lents à mépriser, parce qu'ils n'auraient jamais autre chose à faire, et ils oublient les erreurs parce qu'ils en voient trop et en commettent eux-mêmes sans cesse. Et ils ne sont pas si conséquents avec eux-mêmes qu'ils n'admirent facilement aujourd'hui ce dont hier ils ont ri peut-être. On sait combien de fois nous blâmons nous-mêmes ou raillons amèrement telle ou telle personnes absente, sans la priver pour cela de notre estime et sans rien changer à notre manière de la traiter, quand elle est présente.

LXXII

Si le jeune homme est trompé par la timidité dans ce cas, en revanche ils sont trompés par leur confiance ceux qui, s'apercevant qu'ils ont baissé dans l'estime d'autrui, essaient de se relever à force de bons offices et de complaisances. L'estime n'est pas le prix de la soumission : elle est, comme l'amitié, semblable à une fleur qui, une fois foulée ou flétrie, ne revient plus. De ces humiliations (le mot n'est pas trop fort) on ne recueille qu'un surcroît de mépris. Il est vrai que le mépris d'autrui, même injuste, est si douloureux à supporter que bien peu sont assez forts pour ne pas faire des efforts, presque toujours inutiles, afin de s'en délivrer. Et c'est une coutume assez fréquente des hommes médiocres d'user de hauteur et de dédain avec les étrangers qu'ils voient s'occuper d'eux : au moindre signe, au moindre soupçon qu'on ne s'inquiète pas d'eux, ils deviennent humbles et ont souvent recours à des actions basses pour attirer l'attention. Pour cette raison même, le parti à prendre, si quelqu'un montre qu'il vous méprise, c'est de le payer de retour : selon toute vraisemblance, vous verrez son orgueil se changer en humilité. De toute façon, il ne peut manquer de sentir au dedans de lui tant de dépit, et, en même temps, une telle estime pour vous, que son châtiment sera suffisant.

LXXIII

C'est par la négligence et le mépris que l'on captive et que l'on retient presque toutes les femmes et beaucoup d'hommes, surtout les plus orgueilleux : au besoin, il suffira de feindre cette négligence et ce mépris. En effet, cet orgueil même qui pousse une infinité d'hommes à user de hauteur envers les humbles et tous ceux qui font montre de les honorer les rend inquiets et avides de l'estime et des égards de ceux qui ne se soucient pas d'eux, ou qui paraissent les négliger. De là naît souvent, et non pas seulement en amour, une plaisante alternation entre deux personnes : aujourd'hui, l'une est indifférente et l'autre ne l'est pas ; demain, c'est le contraire. On peut même dire que ce jeu se reproduit, d'une manière ou d'une autre, dans toute la société humaine et que la vie est pleine de gens qui, regardés, ne regardent pas ou qui, salués, ne répondent pas, ou qui, suivis, s'enfuient : leur tourne-t-on le dos ? ils s'arrêtent, s'inclinent et courent après les gens.

LXXIV

Le monde est comme une femme à l'égard des grands hommes et surtout de ceux en qui brille une virilité extraordinaire. Il ne les admire pas seulement, il les aime : car leur force lui inspire de l'amour. Souvent, toujours comme une femme, il les aime d'autant plus qu'il est d'avantage méprisé, maltraité, terrifié par eux. Ainsi Napoléon fut très aimé de la France et les soldats eurent un culte pour cet homme qui les appela chair à canon et les traita comme tels. Que de capitaines, qui jugèrent et traitèrent ainsi les hommes, furent chéris de leurs armées pendant leur vie, et charment aujourd'hui les lecteurs de leur histoire. Les hommes aiment à trouver en eux, comme les femmes dans leurs amants, une sorte de brutalité et d'extravagance. Achille est parfaitement aimable, tandis que la bonté d'Enée ou de Godefroy et leur sagesse ainsi que celle d'Ulysse engendrent presque l'ennui.

LXXV

A d'autres points de vue aussi, la femme est comme l'image de ce qu'est le monde en général : car la faiblesssse, qui est le propre de la plupart des hommes, donne aux multitudes pour ceux à qui manque la force de l'esprit, du cœur ou du bras, les mêmes sentiments qu'aux femmes pour les hommes également dépourvus de cette force. Il faut les mêmes artifices pour gagner les femmes et le genre humain : avec une audace mêlée de douceur, en supportant les refus, en persévérant fermement et sans honte, on vient à bout, non seulement des femmes, mais des puissants, des riches, de la plupart des hommes individuellement, des nations et des siècles. Avec les femmes, il faut abattre ses rivaux et faire la solitude autour de soi : de même dans le monde il faut terrasser ses émules et ses compagnons, et passer sur leur corps : ces deux victoires se remportent avec les mêmes armes : les principales sont la calomnie et la raillerie. Il est stérile ou peu profitable d'aimer les femmes et les hommes d'un amour sincère et ardent et de metre leurs intérêts au-dessus des siens propres. Le monde, comme les femmes, est à celui qui le séduit, en jouit et le foule aux pieds.

LXXVI

Rien n'est plus rare au monde qu'une personne habituellement supportable.

LXXVII

La santé du corps est universellement considérée comme le dernier des biens et il est dans la vie peu d'actes et d'affaires, où la considération de la santé, si elle se présente, ne soit sacrifiée à n'importe quelle autre. Un motif, mais non le motif unique, c'est que la vie appartient principalement aux gens bien portants qui d'ordinaire méprisent ou ne croient pas pouvoir perdre la santé. Pour citer un exemple entre mille, diverses causes font qu'on choisit un lieu pour y fonder une ville; mais parmi ces causes ne se trouvera presque jamais la salubrité du site. Au contraire, il n'y a pas sur la terre de site insalubre et triste où les hommes ne se décident, pour quelque profit, à vivre de bon gré. Souvent un lieu salubre et inhabité est proche d'un lieu très malsain et très peuplé, et l'on voit continuellement des populations abandonner des cités et des climats salubres pour courir sous des cieux âpres et dans des pays à moitié pestilentiels où les attirent d'autres avantages. Londres et Madrid sont placées dans des conditions déplorables pour la santé et, parce qu'elles sont capitales, elles voient leur population s'accroître chaque jour de gens qui abandonnent les provinces les plus saines. Et sans sortir de notre pays, en Toscane, Livourne s'accroît perpétuellement à cause de son commerce, et, aux portes de Livourne, Pise, célèbre par la douceur et la bonté de son climat, et qui était très peuplée du temps de sa puissance maritime, est devenue presque un désert et se vide de jour en jour davantage.

LXXVIII

Deux ou trois personnes, dans un lieu public ou dans une réunion, rient entre elles et le laissent voir sans que les autres sachent de quoi elles rient : tous les assistants sentent de l'appréhension, tous les propos deviennent sérieux ; plusieurs se taisent, d'autres se retirent : les plus intrépides s'approchent de ceux qui rient et tâchent qu'on leur permette de rire dans leur compagnie. C'est comme si, dans l'obscurité, on entendait une décharge d'artillerie : tous décampent ; qui sait ? les canons sont peut-être chargés à boulet. Le rire concilie l'estime et le respect même des inconnus, attire l'attention et le respect de tous les assistants et donne une sorte de supériorité. Si jamais, dans quelque réunion, on vous néglige ou on vous traite avec hauteur, vous n'avez qu'à choisir adroitement une des personnes présentes, et à rire avec elle franchement et longtemps, en montrant le plus possible que ce rire vous vient du cœur, et s'il se trouve des gens qui rient de vous, riez plus fort et plus longtemps qu'eux. Vous serez bien malheureux si alors les plus orgueilleux et les plus arrogants, ceux qui vous faisaient le plus mauvais visage, ne prennent pas la fuite après une courte résistance, ou ne viennent pas d'eux-mêmes vous demander grâce, rechercher votre conversation et vous offrir leur amitié. Grande et terrible est la puissance du rire : contre le rire, personne en sa conscience ne se sent cuirassé de tout point. Celui qui a le courage de rire est le maître du monde, à peu près comme celui qui est prêt à mourir.

LXXIX

Le jeune homme n'acquiert pas l'art de vivre, n'a aucun succès dans la société, n'y éprouve aucun plaisir, tant que dure en lui la véhémence des désirs. Plus il se refroidit, plus il devient habile à manier les hommes, à se manier lui-même. La nature, avec sa bonté ordinaire, a voulu que l'homme n'apprenne à vivre qu'à mesure que les motifs de vivre disparaissent ; qu'il ne sache les moyens de réaliser ses désirs que quand il a cessé d'en regarder les objets comme une félicité céleste : qu'il ne jouisse que quand il est devenu incapable de jouissances vives. Plusieurs arrivent, jeunes encore, à cet état d'âme, et réussissent assez bien parce qu'ils désirent peu : l'expérience et l'esprit les ont mûris avant l'âge. D'autres n'y arrivent jamais : chez eux, la force des sentiments est si grande dans le principe, que les années ne la diminuent pas ; ils jouiraient plus que tous les autres, si la nature nous avait destinés à jouir. Au contraire, ils sont malheureux et restent jusqu'à leur mort enfants dans cette science du monde qu'ils ne peuvent apprendre.

LXXX

Quand j'ai revu, au bout de quelques années, une personne que j'avais connue jeune, il m'a toujours semblé voir quelqu'un qui avait éprouvé quelque grand malheur. L'air de joie et de confiance n'appartient qu'au premier âge : et le sentiment de ce qu'on perd et des incomodités physiques qui s'accroissent de jour en jour donne aux plus frivoles, aux plus gais et même aux plus heureux un visage et une attitude qu'on appelle graves et qu'on devrait plutôt appeler tristes, si l'on songe à l'aspect de la jeunesse et de l'enfance.

LXXXI

Il en est de la conversation comme d'une lecture. Beaucoup d'auteurs paraissent d'abord nouveaux de pensées et de style et plaisent grandement : si l'on continue à les lire, ils ennuient parce qu'une partie de leurs écrits est une imitation des autres. De même, il arrive souvent que l'on fait cas de la conversation des nouveaux venus, et qu'avec le temps on les trouve ennuyeux et médiocres. C'est que tous les hommes, plus ou moins, quand ils n'imitent pas autrui, s'imitent eux-mêmes. Aussi ceux qui voyagent, surtout s'ils ont quelque esprit et s'ils savent causer, laissent ils aisément d'eux-mêmes, dans les lieux où ils passent, une opinion très exagérée : car ils peuvent cacher en eux l'ordinaire défaut des intelligences, la pauvreté. Ce qu'ils dépensent en une fois et en parlant surtout des sujets qui leur appartiennent plus en propre et qu'amène, sans artifice, la curiosité courtoise d'autrui, ne semble pas être toute leur fortune, mais une monnaie qu'ils dépensent au jour le jour : et pourtant, presque toujours, ce sont toutes leurs richesses, ou peu s'en faut. Cette renommée qu'ils se font subsiste, faute d'occasions qui la détruisent. Les mêmes motifs font que les voyageurs se trompent souvent dans les jugements très favorables qu'ils portent sur les personnes qu'ils rencontrent sur leur route.

LXXXII

Personne ne devient homme avant d'avoir fait une expérience sérieuse de lui-même : il faut une révélation intime qui, en déterminant l'opinion qu'on doit avoir de soi, détermine en quelque sorte notre fortune et notre état dans la vie. Cette expérience nécessaire, avant laquelle on n'est guère qu'un enfant, trouvait dans la vie antique mille occasions toutes prêtes : mais aujourd'hui la vie des particuliers est si vide d'incidents et si pauvre en général que, faute d'occasions, une grande partie des hommes meurent avant cette expérience, et demeurent aussi enfants qu'à leur naissance. Les autres arrivent à la connaissance et à la possession d'eux-mêmes par leurs besoins et leurs infortunes ou par quelque passion grande, c'est-à-dire forte : la plupart du temps, c'est l'amour, quand l'amour est une grande passion, ce qui n'arrive pas toutes les fois qu'on aime. Quand cela arrive, c'est tantôt au début de la vie, tantôt plus tard, après d'autres amours de moindre importance. Ce qui est certain, c'est qu'au sortir d'un amour grand et passionné, l'homme a déjà une petite connaissance de ses semblables, au milieu desquels il lui a fallu se mouvoir avec des désirs intenses, des besoins violents et peut-être nouveaux : il connaît par expérience la nature des passions : car, quand une passion brûle, elle enflamme toutes les autres : il connaît son propre tempérament; il sait la mesure de ses facultés et de ses forces; désormais il voit ce qu'il peut espérer de lui-même, et, autant qu'on peut juger de l'avenir, quelle place lui est destinée dans le monde. Enfin, la vie prend à ses yeux un aspect

nouveau : ce n'est plus une chose connue par
ouï-dire, mais vue; imaginée, mais réelle; et il se
sent, non pas plus heureux peut-être, mais pour
ainsi dire plus puissant qu'auparavant, c'est-à-dire
plus apte à faire usage des autres et de lui-même.

LXXXIII

Si les quelques hommes de vraie valeur qui
cherchent la gloire connaissaient individuellement
tous ceux dont est composé ce public, dont ils se
donnent tant de mal pour acquérir l'estime, il est
à croire qu'ils se refroidiraient beaucoup dans
leur dessein et peut-être qu'ils l'abandonneraient.
Mais notre esprit ne peut soustraire au pouvoir
que le nombre des hommes exerce sur l'imagination : il arrive à chaque instant que nous avons
de la considération, du respect même pour dix
personnes réunies dans un chambre, quand nous
ne faisons aucun cas de chacune d'elles en particulier.

LXXXIV

Jésus-Christ fut le premier qui indiqua distinctement aux hommes le glorificateur de toutes les
vertus feintes, le détracteur et le persécuteur de
toutes les vertus vraies, l'adversaire de toute grandeur intime et vraiment propre à l'homme, le

contempteur de tout sentiment élevé, s'il ne se croit faux, de toute passion douce, s'il la croit profonde; l'esclave des forts, le tyran des faibles, l'ennemi des malheureux. Jésus-Christ le nomma le monde, et ce nom lui est resté jusqu'à présent dans toutes les langues civilisées. Cette idée générale, qui est si vraie, qui a été et qui sera si utile, ne vint à personne auparavant, du moins je ne le crois pas et je ne me rappelle pas l'avoir trouvée, j'entends en un seul mot ou en une forme précise, dans aucun philosophe païen. C'est peut-être qu'avant ce temps la vilenie et la fraude n'étaient pas tout à fait développées et que la civilisation n'était pas encore arrivée au point où elle se confond en grande partie avec la corruption.

L'homme qu'on appelle civilisé est tel en somme que je l'ai dit plus haut et tel que Jésus-Christ l'a montré : cet homme, la raison et l'imagination ne le révèlent pas, les livres et les maîtres ne l'annoncent pas, la nature le tient constamment pour fabuleux : seule, l'expérience de la vie le montre, le fait connaître. Et qu'on note comme l'idée dont j'ai parlé, si générale qu'elle soit, se trouve convenir en tous les points à d'innombrables individus.

LXXXV

Dans les écrivains païens, la généralité du monde civilisé, que nous appelons monde ou société, n'est jamais considérée ni montrée résolument comme l'ennemie de la vertu, ni comme la corruptrice nécessaire de tout bon naturel et de toute âme bien faite. Le monde ennemi du bien est une conception presque aussi inconnue aux anciens qu'elle est célèbre dans l'Evangile et dans les écrivains modernes, même profanes. On ne s'en étonnera pas, si on considère un fait très clair et très simple, qui peut servir de miroir à quiconque veut comparer les anciens aux modernes en matière de morale : c'est que l'éducation moderne craint la vie publique, l'éducation antique la recherchait ; les modernes font de l'obscurité domestique, de la séparation, de la retraite, un abri pour la jeunesse contre la corruption des mœurs mondaines ; les anciens tiraient les jeunes gens, même de force, hors de la solitude, exposaient le monde à leurs yeux et leur éducation, leur vie, aux yeux du monde : ils croyaient que l'exemple du monde était plus propre à édifier qu'à corrompre.

LXXXVI

La plus sûre manière de cacher aux autres les limites de son propre savoir, c'est de ne pas les dépasser.

LXXXVII

Celui qui voyage beaucoup a cet avantage sur les autres que les objets de ses souvenirs sont bientôt dans le lointain : ils acquièrent ainsi presqu'aussitôt ce quelque chose de vague et de poétique qui, chez les autres, ne leur est donné que par le temps. Celui qui n'a pas voyagé a ce désavantage que ses souvenirs rappellent des choses en quelque sorte présentes, puisque tous les lieux auxquels ils se rapportent sont présents.

LXXXVIII

Il arrive souvent que les hommes vaniteux et pleins d'estime pour eux-mêmes, au lieu d'être égoïstes et durs de cœur, comme il paraîtrait naturel, sont doux, bienveillants, bon compagnons, bons amis et prompts à obliger. Comme ils se croient admirés de tous, ils aiment leurs prétendus admirateurs et les aident quand ils le peuvent : ils jugent aussi que cela convient à cette supériorité dont ils estiment que le sort les a favorisés. Ils conversent volontiers, parce qu'ils croient que le monde est rempli de leur nom ; ils ont des manières courtoises et se louent intérieurement de leur affabilité et leur art de plier leur grandeur à communiquer avec les petites gens

Et j'ai remarqué que leur bonté croit en raison de cette opinion qu'ils ont d'eux-mêmes. Enfin la certitude de leur valeur et de l'aveu unanime du genre humain ôte à leur caractère toute âpreté : en effet, quand on est content de soi-même et des hommes, on n'a point d'âpreté. Alors ils acquièrent une telle tranquillité que parfois ils ont presque l'air de personnes modestes.

LXXXIX

Celui qui fréquente peu les hommes est rarement misanthrope. Les vrais misanthropes ne se trouvent pas dans la solitude, mais dans le monde : car c'est l'usage pratique de la vie, et non la philosophie, qui nous fait haïr les hommes. Et un misanthrope qui se retire de la société perd dans la retraite sa misanthropie.

XC

J'ai connu un enfant qui, chaque fois que sa mère le contrariait, disait : « Ah ! je sais, je sais : maman est une méchante. » C'est avec la même logique que la plupart des hommes jugent leurs proches : mais ils n'expriment par leur pensée avec autant de simplicité.

XCI

Quand vous présentez quelqu'un, si vous voulez lui être utile, laissez de côté ses qualités les plus réelles et les plus particulières et nommez ses avantages les plus extérieurs et ceux qui lui viennent le plus du hasard. S'il est grand et puissant dans le monde, dites qu'il est grand et puissant; s'il est riche, dites qu'il est riche; s'il n'est que noble, dites qu'il est noble; mais ne parlez ni de sa magnanimité, ni de sa vertu, ni de ses mœurs, ni de son amabilité, si ce n'est par surcroît, à quelque degré qu'il possède ces qualités. Est-il lettré et, comme tel, a-t-il quelque célébrité? Ne dites pas : c'est un génie docte, profond, grand, sublime. Dites : Il est célèbre. Je l'ai dit ailleurs : c'est le bonheur qui est heureux en ce monde, et non le mérite.

XCII

Jean-Jacques Rousseau dit que la vraie courtoisie des manières consiste dans l'habitude de se montrer bienveillant. Cette courtoisie préserve peut-être de la haine, mais elle ne procure pas l'amour, si ce n'est du petit nombre d'hommes que la bienveillance d'autrui excite à la bienveillance. Voulez-vous par vos manières vous concilier l'amitié et l'estime des hommes? Ayez l'air de les estimer. Si le mépris offense et déplait plus que la haine, l'estime est plus douce que la bienveillance, et les hommes s'inquiètent plus et désirent plus d'être estimés que d'être aimés. Les marques d'estime vraie ou fausse (et de toute façon elles obtiennent toujours créance) provoquent presque toujours de la reconnaissance, et beaucoup de gens, qui ne lèveraient pas un doigt pour rendre service à qui les aime vraiment, se jetteront au feu pour quiconque fera mine de les estimer. Rien n'est plus propre à faire oublier les injures : car il semble que la nature ne nous permet pas de haïr une personne qui dit nous estimer. Au contraire : on voit fréquemment les hommes haïr ceux qui les aiment ou même leurs bienfaiteurs. Si l'art de captiver les hommes dans la conversation consiste à faire qu'on soit plus content de soi en nous quittant qu'en nous rencontrant, il est clair que les marques d'estime auront plus de force pour gagner les hommes que les marques de bienveillance, et elles vaudront d'autant plus qu'elles seront moins méritées. Ceux qui ont l'habitude du genre de courtoisie dont je parle, sont courtisés, ou peu s'en faut, partout où ils se trouvent : cette douceur de se croire estimés fait accourir les hommes, comme le miel attire les mouches. Ces complimenteurs sont eux-mêmes fort loués : car, en entendant les louanges qu'ils distribuent à chacun dans la conversation, on se fait une haute idée de celles que tous leur donnent, moitié par reconnaissance, moitié parce qu'il est de notre intérêt que ceux qui nous estiment soient loués et estimés. Ainsi les hommes, sans s'en apercevoir et peut-être malgré eux, par leur unanimité à célébrer ces personnes bienveillantes, les élèvent dans la société bien au-dessus d'eux-mêmes à qui elles se déclaraient sans cesse inférieures.

XCIII

Presque tous ceux qui se croient ou que leurs amis croient estimés dans la société, n'ont l'estime que de personnes appartenant à une seule compagnie, à une seule classe ou à une seule condition : celle dont ils sont et où ils vivent. L'homme de lettres qui se croit fameux et respecté dans le monde est laissé de côté ou bafoué chaque fois qu'il se trouve en compagnie de gens frivoles, et les gens frivoles forment les trois quarts du monde. Le jeune homme galant, choyé des dames et de ses compagnons, est négligé et oublié dans la société des hommes d'affaires. Le courtisan que ses égaux et ses inférieurs comblent d'égards sera tourné en dérision et évité par les personnes d'humeur indépendante. J'en conclus qu'à proprement parler l'homme ne peut espérer et par conséquent ne doit pas rechercher l'estime de la société, mais celle d'un petit nombre de personnes : quant aux autres, il doit se résigner à en être ignoré ou plus ou moins méprisé : c'est une nécessité inévitable.

XCIV

Celui qui n'est jamais sorti des petits endroits où regnent de petites ambitions, une avarice vulgaire, une haine intense de chacun contre chacun, ne croit à la réalité ni des grands vices ni des vertus sociales sincères et solides. Quant à l'amitié en particulier, il la considère comme appartenant à la poésie et à l'histoire, non à la vie. Il se trompe. Je ne dis pas des Pylades et des Pirithoüs, mais de bons et cordiaux amis se rencontrent réellement dans le monde ; ils ne sont même pas rares. Les services que l'on peut attendre et exiger de tels amis consistent ou en des paroles, qui souvent sont fort utiles ou quelquefois même en actes, rarement en argent : c'est un genre de service que l'homme sage et prudent ne doit pas demander. Il est plus facile de trouver quelqu'un qui mette sa vie en danger pour un étranger que quelqu'un qui dépense, que dis-je? qui risque un sou pour un ami.

XCV

Et les hommes ne sont pas sans excuse en cela : car il est rare qu'on possède vraiment plus que le nécessaire, parce que les besoins dépendent surtout des habitudes et que les dépenses sont presque toujours proportionnées aux revenus, quand elles ne les dépassent pas. Les rares personnes qui accumulent sans dépenser, ont ce besoin d'accumuler, à cause de leurs desseins ou de nécessités futures qu'elles redoutent. Peu importe que ces besoins soient imaginaires : car il y a trop peu de choses dans la vie qui ne consistent pas tout à fait ou pour la plus grande part dans l'imagination.

XCVI

L'honnête homme devient facilement, avec les années, insensible à la louange et aux honneurs, mais jamais, je crois, au blâme et au mépris. La louange et l'estime de beaucoup de personnes distinguées ne compenseront pas pour lui la douleur que lui causera un mot, un signe d'indifférence venant de quelque homme de rien. Peut-être le contraire arrive-t-il aux coquins : habitués au blâme et inaccoutumés à la vraie louange, ils seront insensibles à celui-là et sensibles à celle-ci, si jamais il leur arrive de la recevoir.

XCVII

Ceci semble un paradoxe, mais l'expérience montre que c'est une vérité : les hommes que les Français appellent originaux, non seulement ne sont pas rares, mais sont très nombreux : je dirais presque que la chose la plus rare dans la société, c'est de trouver un homme qui ne soit pas, comme on dit, un original. Et je ne parle pas de petites différences entre un homme et un autre : je parle de qualités et de manières que quelqu'un aura en propre et qui paraîtront aux autres étranges, bizarres, absurdes; je dis même qu'il vous arrivera rarement de fréquenter longtemps une personne, si civilisée qu'elle soit, sans découvrir en elle plus d'une étrangeté, d'une absurdité ou d'une bizarrerie dont vous vous émerveillerez. Vous ferez cette découverte plus vite chez les autres que chez les Français, chez les hommes mûrs ou vieux que chez les jeunes gens qui mettent souvent leur ambition à ressembler à autrui et qui, s'ils sont bien élevés, ont coutume de se contraindre davantage eux-mêmes. Mais tôt ou tard vous la ferez, cette découverte, dans la plupart de ceux que vous pratiquerez.

Tant la nature est variée ; tant il est impossible à la civilisation, qui veut rendre les hommes uniformes, de vaincre définitivement la nature.

XCVIII

Voici une observation analogue : Pour peu qu'on ait eu affaire aux hommes, on se souviendra, en y réfléchissant un peu, qu'on a été souvent, très souvent même, spectateur et peut-être acteur de scènes, pour ainsi dire, réelles qui ne différaient en rien de celles qui, vues au théâtre ou lues dans les comédies et dans les romans, paraissent imaginées par l'art en dehors du domaine de la nature. Cela signifie seulement que la méchanceté, la sottise, les vices de toutes sortes, les qualités et les actions ridicules des hommes franchissent beaucoup plus souvent que nous ne le croyons et peut-être qu'il n'est croyable, les limites que nous appelons ordinaires et au-delà desquelles nous supposons que se trouve l'excès.

XCIX

On n'est ridicule que quand on veut paraître ou être ce qu'on n'est pas. Le pauvre, l'ignorant, le rustique, le malade, le vieillard ne sont jamais ridicules, quand ils se contentent de paraître tels et qu'ils se renferment dans les limites de leur condition, mais bien quand le vieux veut paraitre jeune, le malade bien portant, le pauvre riche, quand l'ignorant veut faire le docte, le rustique, le citadin. Même les défauts physiques, pour graves qu'ils fussent, n'éveilleraient qu'un rire passager, si l'homme ne s'efforçait de les cacher, s'il ne voulait paraître ne pas les avoir, être ce qu'il n'est pas. Qui observera bien verra que nos défauts et nos désavantages ne sont pas ridicules en eux-mêmes : ce qui est ridicule, c'est le soin que nous prenons de les cacher et de vouloir faire comme si nous ne les avions pas.

C'est une lourde erreur que d'affecter un caractère autre que le sien, afin de se rendre plus aimable. L'effort que l'on fait et que bientôt on ne peut plus cacher et le contraste du caractère feint et du caractère vrai, qui se trahit continuellement, rendent beaucoup plus désagréable et plus déplaisant qu'on ne le serait en se montrant franchement ce qu'on est. Les caractères les plus malheureux ont toujours quelque partie qui n'est pas laide : montrée à propos, elle plaira, parce qu'elle est vraie, beaucoup que les plus belles qualités feintes.

En général, vouloir être ce que nous ne sommes pas, gâte toute chose au monde : c'est le seul motif qui rend insupportable une quantité de personnes qui seraient fort aimables si elles se contentaient d'être ce qu'elles sont. Cette erreur n'est pas seulement propre aux individus, mais à des sociétés, à des populations entières : je connais des villes de province, polies et florissantes, qui seraient des lieux charmants à habiter, s'il n'y régnait une imitation écœurante des capitales, c'est-à-dire un désir d'être, autant qu'elles peuvent, plutôt des villes capitales que des villes de province.

C

Je reviens aux défauts et aux infirmités qu'on peut avoir, et je ne nie pas que le monde ne soit souvent comme ces juges auxquels les lois défendent de condamner l'accusé, même convaincu, s'il n'avoue expressément. S'il est ridicule de cacher ses propres défauts avec un soin visible, je ne puis louer quelqu'un qui les confesserait spontanément ou qui donnerait à entendre qu'à cause de ses défauts il se considère comme inférieur à autrui. Ce serait porter contre soi une sentence suprême que le monde ne portera jamais, tant que vous marcherez la tête haute. Dans cette espèce de lutte de chacun contre tous et de tous contre chacun, qui est le fond de la vie sociale, si nous voulons appeler les choses par leur nom, où chacun cherche à abattre son voisin pour le fouler aux pieds, il a grand tort celui qui se couche à terre et même celui qui se courbe ou qui plie la tête spontanément : car, s'il ne le fait par feinte et par stratagème, ses voisins lui monteront sur le corps, sans courtoisie, sans miséricorde aucune. C'est l'erreur que commettent presque toujours les jeunes gens, surtout ceux qui ont le caractère le plus noble; ils confessent, sans nécessité et hors de propos, leurs infirmités et leurs infortunes, moitié à cause de la franchise qui est le propre de leur âge et qui leur fait haïr la dissimulation et aimer à affirmer la vérité, même contre eux-mêmes, moitié parce que, étant eux-mêmes généreux, ils croient se faire pardonner ainsi leurs défauts par le monde. Cet âge d'or de la vie est si éloigné de connaître la vérité humaine que les jeunes gens font parade même de l'infélicité, pensant qu'elle les rend aimables et leur gagne les cœurs. Et, à vrai dire, il est bien naturel qu'ils aient cette opinion et que seule une longue et constante expérience personnelle persuade aux âmes nobles que le monde pardonne tout plus aisément que l'infélicité : que ce n'est pas le malheur, mais le bonheur qui est heureux : que ce n'est pas du malheur, mais du bonheur qu'il faut faire montre autant que possible, même en dépit de la vérité : que l'aveu de nos propres maux ne fait pas pitié, mais plaisir, n'attriste pas, mais réjouit non seulement nos ennemis, mais quiconque l'entend : car c'est comme un aveu de notre infériorité et de la supériorité d'autrui. L'homme, ne pouvant sur la terre se fier à autre chose qu'à sa propre force, ne doit jamais céder ni reculer d'un pas volontairement, encore moins se rendre à discrétion, mais résister et se défendre jusqu'au bout et combattre obstinément pour garder ou pour acquérir, s'il peut, même malgré la fortune, ce qu'il n'obtiendra jamais de la générosité ni de l'humanité de son prochain. Pour moi, je crois que personne ne doit souffrir d'être appelé, même par devant, malheureux ou disgracié : ces mots ont été et sont, dans presque toutes les langues, synonimes de malhonnête homme, peut-être à cause d'antiques superstitions qui veulent que l'infélicité soit pleine de crimes, et à coup sûr ils seront toujours des outrages : car celui qui les prononce, quelle que soit son intention, sent qu'ainsi il s'élève et abaisse son prochain, et celui qui les entend a le même sentiment.

CI

En confessant ses propres maux, l'homme nuit souvent à l'estime et à l'affection que lui portent ses meilleurs amis : tant il est nécessaire que chacun se soutienne lui même d'un bras fort et qu'en tout état, si malheureux qu'il soit, il fasse paraître une ferme et tranquille estime de lui-même, qu'il donne l'exemple aux autres et qu'il les contraigne de sa propre autorité à faire cas de lui. L'estime ne nous vient que si elle a son origine en nous même et elle ne durera qu'autant qu'elle aura de solides fondements dans notre opinion. La société des hommes est semblable aux fluides dont chaque molécule presse ses voisines dans tous les sens, et, par ses voisines, les molécules plus lointaines : comme elle-même est pressée de la même manière, si sur quelque point la résistance et la pression diminuent, tout à coup toute la masse du fluide s'élance dans cette direction et la place laissée vide est occupée par de nouvelles molécules.

CII

Les années de l'enfance sont, dans la mémoire de chacun, comme les temps fabuleux de sa vie, de même que, dans la mémoire des nations, les les temps fabuleux sont ceux de leur enfance.

CIII

Vient-on à louer en nous des qualités qu'auparavant nous méprisions ? Nous les estimons.

CIV

L'éducation qu'on reçoit, particulièrement en Italie, et il est assez rare qu'on en reçoive, est une trahison en règle organisée par la faiblesse contre la force, par la vieillesse contre la jeunesse. Les vieux disent aux jeunes : « Fuyez les plaisirs propres à votre âge, parce qu'ils sont tous périlleux et contraires aux bonnes mœurs, et parce que nous qui en avons joui tant que nous avons pu et qui en jouirions encore, si nous pouvions, nous en sommes incapables à cause des années. Ne vous souciez pas de vivre maintenant, mais soyez obéissants, souffrez, fatiguez-vous, pour vivre quand il ne sera plus temps. La sagesse et la vertu veulent qu'un jeune homme s'abstienne le plus possible de se servir de sa jeunesse, excepté pour vaincre les autres en travail. Laissez-nous le soin de votre destinée et de tout ce qui vous importe : nous règlerons tout selon votre intérêt. Chacun de nous a fait à votre âge tout le contraire de cela et le ferait encore, s'il rajeunissait : mais vous, prenez garde à nos paroles et non à nos actions passées ni à nos intentions. Obéissez-nous, et, croyez-en notre connaissance et notre expérience des choses humaines, vous serez heureux. » Mais moi, je ne sais pas ce qu'est tromper et trahir, si ce n'est de promettre à de jeunes inexpérimentés le bonheur à de telles conditions.

L'intérêt de la tranquillité commune, privée et publique, est contraire aux plaisirs et aux desseins des jeunes gens, et même la bonne éducation, ou ce qu'on appelle ainsi, consiste en grande partie à tromper les élèves, afin qu'ils fassent passer leur utilité après celle d'autrui. En outre, les vieux cherchent naturellement à détruire et à éliminer de la vie humaine la jeunesse dont ils abhorrent la vue. De tout temps, la vieillesse fut conjurée contre la jeunesse, parce que de tout temps ce fut le propre des hommes de condamner bassement et de poursuivre en autrui les biens qu'ils désireraient le plus pour eux-mêmes. Néanmoins il est remarquable que, parmi les éducateurs qui font profession, si personne l'a jamais fait, de rechercher le bien de leur prochain, il s'en trouve tant qui essaient de priver leurs élèves du plus grand bien de la vie, c'est-à-dire de la jeunesse. Il est plus remarquable encore que jamais père ni mère n'éprouva de remords de donner à ses fils une éducation qui part d'un principe aussi mauvais. Ce serait plus étonnant encore, si depuis longtemps, pour d'autres causes, on n'avait considéré comme une œuvre méritoire de chercher à abolir la jeunesse.

Quel est le fruit de cette éducation malfaisante, instituée au profit du cultivateur et à la ruine de la plante? C'est que les élèves, qui ont vécu en vieux dans la fleur de leur âge, se rendent ridicules et malheureux en voulant vivre en jeunes dans leur vieillesse. Mais le plus souvent la nature l'emporte : les jeunes gens vivent en jeunes gens, en dépit de l'éducation et se révoltent contre leurs maitres qui, s'ils avaient favorisé en eux l'usage et la jouissance des facultés juvéniles, auraient pu les régler grâce à la confiance de leurs élèves, qu'ils n'auraient jamais perdue.

CV

La ruse, qui est le propre de l'esprit, est souvent employée pour suppléer au manque d'esprit et pour vaincre l'esprit supérieur d'autrui.

CVI

Le monde rit des choses qu'il devrait admirer, et, comme le renard d'Ésope, blâme ce qu'il envie. On admire universellement et on blâme avec d'autant plus d'ardeur un amour violent, douloureux, mêlé de grandes consolations. Une habitude généreuse, une action héroïque devraient être admirées : mais si les hommes admiraient une vertu, surtout dans leurs égaux, ils se croiraient humiliés : aussi, au lieu d'admirer, ils rient. Cela va si loin que, dans la vie commune, il faut cacher avec plus de soin une action noble qu'une action basse : car la bassesse appartient à tous et elle est tout au moins excusée ; la noblesse est contre l'usage et il semble qu'elle marque de la présomption ou un désir de louanges : et on n'aime pas donner des louanges sincères, surtout à ceux que l'on connait.

CVII

Dans le monde, on dit beaucoup de niaiseries pour causer. Mais le jeune homme qui a quelque estime de lui-même, à son entrée dans le monde, tombe aisément dans le défaut opposé : il attend pour parler d'avoir à dire des choses extraordinaires en beauté ou en importance, et à force d'attendre, il arrive qu'il ne parle jamais. La conversation la plus sensée se compose en grande partie de propos et de discours frivoles ou usés, qui servent à atteindre le but qu'on se propose : passer le temps en causant. Et il est nécessaire que chacun se résolve à dire des choses communes la plupart du temps, pour en dire qui ne soient pas communes, ne fût-ce qu'une fois.

CVIII

La grande étude des hommes, tant qu'ils ne sont pas mûrs, est de paraître hommes faits, et, quand ils sont hommes faits, de paraître n'être pas encore mûrs. Olivier Goldsmith, l'auteur du roman *The Vicar of Wackefield*, arrivé à l'âge de quarante ans, effaça de son adresse le titre de docteur : ce signe de gravité, qui l'avait charmé dans ses jeunes années, lui était devenu odieux.

CIX

L'homme est presque toujours méchant en raison de ses besoins. S'il se conduit avec droiture, on peut juger que la méchanceté ne lui est pas nécessaire. J'ai vu des personnes de mœurs douces et pures commettre les actions les plus atroces pour éviter quelque dommage grave, inévitable autrement.

CX

Il est curieux de voir que presque tous les hommes de valeur ont les manières simples, et que les manières simples sont presque toujours prises pour une marque de peu de valeur.

CXI

Une attitude silencieuse dans la conversation plait et se fait louer, quand on connait que la personne qui se tait a autant d'audace et de talent pour parler que cela est nécessaire.

PRÉAMBULE
DE LA TRADUCTION
DU
MANUEL D'ÉPICTÈTE
Par LEOPARDI

Un grand nombre de pensées très justes, diverses considérations subtiles, beaucoup de préceptes et d'avis extrêmement utiles, de plus une agréable simplicité et familiarité d'expression, rendent ce petit livre très précieux et très aimable. Je suis véritablement d'opinion que la philosophie pratique que l'on enseigne ici, si elle n'est pas la seule profitable, est du moins plus profitable que les autres à l'usage de la vie humaine, plus accommodée à l'homme, et spécialement aux âmes qui

par nature ou par habitude ne sont ni très
héroïques ni très fortes, mais tempérées et douées
d'une énergie médiocre, ou encore aux âmes
faibles, et par conséquent aux hommes modernes
encore plus qu'aux anciens. Je sais bien que ce
jugement que j'émets est contraire à l'appréciation
universelle : on estime communément que l'exercice de la philosophie stoïque n'est séant et même
possible qu'aux esprits virils et énergiques outre
mesure. Il me semble en substance que le principe et la raison d'une telle philosophie, et particulièrement de celle d'Épictète, ne sont pas, comme
on dit, dans la considération de la force de
l'homme, mais dans celle de sa faiblesse ; et semblablement que l'usage et l'utilité de la philosophie en question appartiennent plus proprement à
la faiblesse qu'à la force. En effet, cette tranquillité d'âme qu'Épictète veut par-dessus toute
chose, cet état libre de passions, ce détachement
des choses extérieures ne sont pas autre chose que
ce que nous appelons froideur d'âme, insouciance,
ou, si l'on veut, indifférence. Or l'utilité de cette
disposition et d'une conduite conforme naît seulement de ce que l'homme ne peut, dans sa vie, par
aucun moyen, ni atteindre le bonheur ni éviter une
continuelle infélicité. Car s'il lui était posssible d'arriver à cette fin, il ne serait certes pas utile, ni
même raisonnable de s'abstenir de la poursuivre.
Si l'on n'y peut arriver, c'est le propre des esprits

grands et forts de s'obstiner néanmoins à la désirer et à la chercher anxieusement, de résister, au moins au-dedans de soi, à la nécessité, et de faire au destin une guerre féroce et à mort, comme les Sept devant Thèbes d'Eschyle, et comme les autres hommes magnanimes des temps antiques. Le propre des esprits naturellement faibles ou affaiblis par l'usage des maux et la connaissance de la faiblesse naturelle et irréparable des vivants, c'est de céder et de se conformer à la fortune et au destin, de se réduire à ne désirer que peu de chose modestement, ou plutôt, pour ainsi dire, de perdre presque entièrement l'habitude et la faculté, non seulement d'espérer, mais encore de désirer. Si cet état d'inimitié et de guerre avec un pouvoir incomparablement plus grand que celui de l'homme et à jamais invincible ne peut donner aucun fruit, et ne va pas sans trouble, sans travail, sans angoisse et sans une misère lourde et continuelle, au contraire, l'autre état, celui de paix et pour ainsi dire de sujétion de l'âme et de servitude tranquille, quoiqu'il n'ait rien de généreux, est cependant conforme à la raison, séant à la nature mortelle et exempt en grande partie des tracas, des affronts et des douleurs qui ont coutume de tourmenter notre vie. En réalité, pour obtenir cette meilleure condition de vie, et cette seule félicité qui se puisse trouver au monde, les hommes n'ont pas d'autre parti à prendre que de renoncer, pour ainsi dire, à la félicité et de s'abstenir autant que possible de fuir le contraire de la félicité. Ainsi l'insouciance des choses du dehors, prescrite par Epictète et par les autres stoïciens, signifie précisément qu'il ne faut ni se soucier d'être heureux ni éviter d'être malheureux. Cet enseignement, qui revient à dire que l'on doit s'aimer avec le moins d'ardeur et de tendresse possible, est en vérité le sommet et le résumé de la philosophie d'Epictète et même de toute la sagesse humaine, pour ce qui regarde le bien-être de chaque âme en particulier. Et moi qui après beaucoup de peines morales et beaucoup d'angoisses, réduit presque malgré moi à pratiquer habituellement l'enseignement dont je viens de parler, ai retiré d'une telle pratique et en retire toujours une utilité incroyable, je désire et je souhaite chaudement à tous ceux qui liront ces pages la faculté de mettre pareillement cette morale à exécution.

ERRATA — CORRIGE.

Au lieu de :   Lisez :

TOME PREMIER.

P. 7 : Languido e stanco insieme.. Languido e stanco *insiem*..

P. 23, note : Mio padre non vuol mantenermi fuori e *forte*.. Mio padre non vuol mantenermi fuori e *forse*..

P. 24, note : Siete *amare*, siete istruita, al di sopra di *quattro*. Siete *amabile*, siete istruita, al di sopra di *quattro*..

P. 83 *Et* nella fausta sorte.. *È* nella fausta sorte..

 » Chi ti *tradi?* Chi ti *tradi?*

P. 230 : O père glorieux du *maître*. O père glorieux du *mètre*..

P. 232 · Rives des Ruthénes Plages de la Ruthénie...

P. 278 Chambre *enfumée*.. Chambre *fermée*..

TOME II.

P. 6 : Jamais mon amour ne se fut... Jamais mon amour ne *te* fut.

P. 21, av.-d. ligne. Celui... Celle...

P. 41, ligne 3. Les *repas*... Les *loisirs*..

P. 49, à la fin : L'infinie *variété*.. L'infinie *vanité*...

P. 67 : Un de *ses* amis... Un de *tes* amis..

TABLE

ŒUVRES MORALES

EN PROSE

XV	*Paroles mémorables de Filippo Ottonieri :*	
	Chapitre premier	3
	— II	9
	— III . . .	15
	— IV. . . .	20
	— V . .	27
	— VI . .	32
	— VII	38
XVI	*Dialogue de Christophe Colomb et de Pierre Guttierez*	41

XVII.	Éloge des Oiseaux	50
XVIII.	Chant du Coq sauvage	63
XIX.	Fragment apocryphe de Straton de Lampsaque	70
XX.	Dialogue de Timandre et d'Éleandre. . .	78
XXI.	Copernic	98
XXII.	Dialogue de Plotin et de Porphyre. . . .	120
XXIII.	Dialogue d'un marchand d'almanachs et d'un passant	145
XXIV.	Dialogue de Tristan et d'un ami. . .	151
	Pensées	169
	Préambule de la traduction du Manuel d'Épictète par Leopardi.	262

Achevé d'imprimer

le 12 novembre mil huit cent quatre-vingt

PAR CH. UNSINGER

POUR

ALPHONSE LEMERRE, ÉDITEUR

A PARIS

PETITE BIBLIOTHEQUE LITTÉRAIRE
(AUTEURS CONTEMPORAINS)

LEOPARDI. *Poésies et Œuvres morales.* Première traduction complète précédée d'un essai sur Leopardi, par F.-A. AULARD, professeur à la Faculté des lettres de Poitiers, 3 vol. Chaque vol . . . . 6 fr.

*LE LIVRE DES SONNETS, avec préface par CH. ASSELINEAU. 1 volume . . . . 6 fr.

XAVIER DE MAISTRE. *Voyage autour de ma chambre.* — *La Jeune Sibérienne.* — *Le Lépreux.* 1 vol. . . . . 6 fr.
— *Fragments; correspondance inédite,* avec une notice et des notes par M. EUG. RÉAUME. 2 vol. . . . . . 12 fr.

8 Eaux-fortes dessinées et gravées par DUPONT, pour illustrer les *Œuvres de Xavier de Maistre* . . . . 12 fr.

ALFRED DE MUSSET. Œuvres. 10 vol ; chaque vol. . . 6 fr.
41 Eaux-fortes dessinées par H. PILLE, gravées par L. MONZIES pour illustrer les *Œuvres d'Alfred de Musset.* Publiées en 4 séries. Prix de chaque série . . . . 12 fr.

PAUL DE MUSSET. *Biographie d'Alfred de Musset.* 1 vol. 6 fr.
— — *Originaux du XVIIe siècle.* 1 vol. . . 6 fr.

SAINTE-BEUVE. *Tableau de la poésie française au XVIe siècle.* 2 volumes . . . . 12 fr.
— — *Poésies complètes, Vie, poésies et pensées de Joseph Delorme.* — *Les Consolations.* — *Pensées d'août, notes et sonnets.* — *Un dernier Rêve.* — Notice par A. FRANCE. 2 vol 12 fr.

ARMAND SILVESTRE. *Poésies (1866-1872) : Rimes neuves et vieilles* — *Les Renaissances.* — *La Gloire du souvenir,* 1 volume . . . . 6 fr.

*JOSÉPHIN SOULARY. *Œuvres poétiques (1815-1871).*
— — *Sonnets* 1 volume. . . . 6 fr.
— — *Poèmes et Poésies.* 1 volume . . 6 fr.

SULLY PRUDHOMME. *Poésies (1865-1866) : Stances et Poèmes.* 1 volume . . . . 6 fr.
Poésies (1866-1872) 1 vol. . . . . 6 fr.
Poésies (1872-1878) 1 vol. . . . . 6 fr
Poésies (1878-1879) 1 vol. . . . . 6 fr.

ANDRÉ THEURIET. *Poésies (1860-1874) : Le Chemin des bois* — *Le Bleu et le Noir.* 1 vol . . . . . . 6 fr

---

Il est fait un tirage de cette collection sur papier de Hollande sur papier Whatman et sur papier de Chine

---

Paris. — Typ Ch. UNSINGER, 83, rue du Bac.

www.ingramcontent.com/pod-product-compliance
Lightning Source LLC
Chambersburg PA
CBHW050329170426
43200CB00009BA/1519